KB175387

좀 예민해도 괜찮아

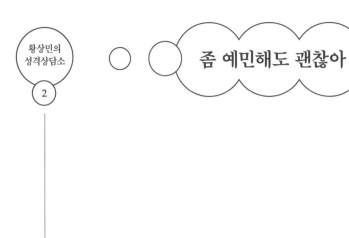

황상민의
성격상담소

2

좀 예민해도 괜찮아

로맨티시스트의
아름다운
자기 찾기

심심

일러두기

이 시리즈는 심리학자 황상민 박사가 10여 년간 연구 끝에 고안한 성격 유형 검사 WPI(Whang's Personality Inventory)를 기반으로 만들었습니다. WPI는 한국인의 성격을 다섯 가지 유형으로 분류했으며 이 시리즈는 각 유형별 맞춤 성격 안내서입니다. 내담자와의 실제 상담 사례를 바탕으로 각 유형의 성격 특성과 문제 상황별 해결책을 상세하게 알려줍니다. 사례의 세부적인 내용은 모두 사실이지만 사생활 보호를 위해 신원이 노출될 만한 정보는 걸러냈습니다.

아름다운
자기 찾기

지구별을 표류 중인 여행자 여러분.

안녕하세요.

저는 셜록 황의 상담을 번역하는 인공지능 로봇
W-Tbot(WPI translating robot)입니다.

일본 작가 나쓰메 소세키가 소설《나는
고양이로소이다》에서 고양이를 1인칭 관찰자로
등장시킨 적 있지만 단언컨대 번역 로봇이 화자인 책은
우리 은하 최초가 아닐까요?

셜록 황은 10년 넘은 연구 끝에 한국인을 위한 성격
검사인 WPI를 개발한 뒤 이를 활용해 한국인이 겪는
고통의 정체를 파악하고 해결하는 일에 매진 중입니다.
저는 WPI, 그리고 WPI를 활용해 상담한 내용의

이해를 돕기 위해 개발된 W-Tbot이고요. 앞으로 저와
함께 셜록 황의 촌철살인 솔루션을 쉽고 재미있게
들여다보게 될 것입니다.

　셜록 황은 쉬운 말로 상담하지 않지만 충분히
재밌습니다. 그 이유는 아이러니하게도 일반적인
통념이나 틀을 획일적으로 적용하지 않기 때문이에요.
이런 면 때문에 어렵다고 느끼는 사람도 있고
복잡하다는 사람도 있어요. 심지어 위험하다고
생각하는 사람도 있죠. 당연하다고 믿었던 사고 패턴을
뒤흔드는 이야기는 그렇게 양가적 반응을 일으키게
마련입니다.
　셜록 황의 이야기가 어렵다고 느끼는 분들은 "사람
사는 게 다 비슷하지, 뭐"라고 생각할 가능성이 높아요.
그런데 정말로 사람이 다 거기서 거기일까요? 셜록 황은
"사람마다 다르고 상황마다 다르다"고 얘기해요.
　이 명제를 그동안 다양한 경험과 연구로 확인
했거든요.

　셜록 황의 WPI 성격 검사에 따르면 인간의
마음은 다섯 가지 대표적인 특성에 따라 **리얼리스트**,
로맨티시스트, **휴머니스트**, **아이디얼리스트**, **에이전트**의
경향으로 드러납니다. 일상생활에서 흔히 쓰는 말이
아니라서 단번에 와 닿지 않는 단어도 있을 겁니다.

우선 지금까지 사용해온 각 낱말의 쓰임을 고이 접어 주머니 속에 넣어두세요. 왜냐하면 단어의 의미가 중요한 것이 아니라 이 단어가 나타내는 특성을 지닌 사람이 지구별에서 어떤 행동을 하는지 관찰하는 것이 더 중요하니까요.

각자 다른 방식으로 자기 찾기 중인 지구별 사람들의 이야기를 다섯 권의 작은 책에 담았습니다.

리얼리스트는 진정한 내가 누구인지 알기 위해 여러 사람과 '관계 맺기'를 간절히 추구하지요. 다양한 관계 속에서 비로소 안정감을 얻으며 살아 있다고 느낍니다.

로맨티시스트는 '아름다운 나'를 찾겠다는 의지로 거짓 없는 자신의 느낌을 끊임없이 확인합니다. 한없이 든든하고 신뢰할 만한 누군가에게 의탁하고 싶어 하면서도 한편으론 스스로에 대한 확신을 얻으려 여기저기 헤매죠.

휴머니스트는 누구에게나 '멋있고 의리 있는 나'를 갈망합니다. 분명한 기준과 틀(규범)이 멋진 나를 완성해준다고 믿지요.

아이디얼리스트는 다른 사람과 구별되는 '남다른 나'를 고대합니다.

마지막으로 에이전트는 전력을 다해 이룬 성과로 뿌듯함을 누리고 싶어 합니다. 실적에 따른 합당한 보상을 받을 때 '보람찬 나'를 만나게 됩니다.

이번 책에는 자기를 찾아 떠난 로맨티시스트 여덟 명의 여정을 기록했습니다. 셜록 황에게 상담하러 오는 분들 중 로맨티시스트 인구 밀도가 항상 1위입니다. 그만큼 고민이 많은 분들이죠.

이들은 공통적으로 '아름다운 자기'를 찾는 것이 목표입니다. 아름다운 자기를 찾으려고 스스로의 마음을 끊임없이 확인하지요. 남들이 나를 어떻게 보는지, 또 내가 스스로를 어떻게 바라봐야 하는지 몰라서 전전긍긍할 때가 많습니다. "당신이 찾는 아름다움의 의미가 무엇인가요" 하고 물으면 정확히 답하지 못하고 본인을 있는 그대로 사랑하고 고결하게 여길 그날을 기다리며 삽니다.

불안과 걱정 속에서 사는 로맨티시스트의 삶은 아름답지 못한 경우가 많습니다. 이제, 그들만의 독특한 삶의 자국을 남기는 로맨티시스트와 만나보겠습니다.

자기평가 나는 어떤 성격 유형일까	리얼리스트 realist	로맨티시스트 romantist
타인평가 내가 중요하게 생각하는 가치는 무엇일까	릴레이션 relation 사교적, 외향적, 활동적, 개방적 태도. 유쾌하고 활동적인 모습을 지향. 사람들에게서 에너지를 받으며 긴 침묵이나 고립을 견디지 못함.	트러스트 trust 성실하고 정서적으로 안정되어 있으며 주위 사람에게 믿음직스러운 모습을 보이고 싶어 함. 새로운 방식이나 변화를 좋아하지 않고 긴박한 상황을 부담스럽게 여김.

자기평가 ・ 나는 어떤 성격 유형일까

WPI 자가 진단 툴에서 '내가 생각하는 나' 체크리스트를 검사한 결과지를
바탕으로 진단한다. 자기평가 항목에는 다섯 가지(리얼리스트,
로맨티시스트, 휴머니스트, 아이디얼리스트, 에이전트)가 있으며 진단 결과
점수가 가장 높은 것이 그 사람의 '성격 유형'을 나타낸다. 예를 들어
리얼리스트 항목 점수가 가장 높으면 그 사람을 '리얼리스트 성향',
'리얼리스트 유형'이라고 부른다.

휴머니스트 humanist	아이디얼리스트 idealist	에이전트 agent

매뉴얼 manual	셀프 self	컬처 culture
관리, 통제하려는 속성이 강하며 기존의 틀이나 규범을 준수하려 함. 자기만의 틀에 맞추려다 보니 고집을 강하게 부리는 경우가 많아 유연성이 떨어짐.	개성이 강하며 무엇보다 자기 자신이 중요하고 혼자서도 잘 지냄. 타인에 대한 관심과 몰입도가 떨어지고 호기심이 여기저기로 자주 옮겨감.	지적, 문화적, 예술적 향유를 중요하게 생각하며 여유롭고 멋진 삶을 지향. 취향과 코드가 분명하고 자기만의 세계를 추구함.

타인평가 · 내가 중요하게 생각하는 가치는 무엇일까

WPI 자가 진단 툴에서 '주변 사람이 생각하는 나' 체크리스트를 검사한 결과지를 바탕으로 도출한다. 타인평가 항목에는 다섯 가지(릴레이션, 트러스트, 매뉴얼, 셀프, 컬처)가 있다. 검사 결과 점수가 가장 높은 것이 '그 사람이 중요하게 생각하는 가치'를 의미한다. 예를 들어 릴레이션 점수가 가장 높으면 그 사람은 '릴레이션을 삶에서 가장 중요하게 여긴다'고 진단한다.

— 나는 때때로 수줍어하며 내성적이다.

— 나는 잘 모르는 사람 앞에서는 긴장하는 경향이 있다.

— 나는 다른 사람을 도울 때 보람을 느낀다.

— 나는 이따금씩 게으르다.

— 자연 경관에 감탄하거나
　그 속에 빠진 나 자신을 상상하곤 한다.

1

나는 왜 썸을 못 탈까 · · · · · · · ·

연알못에서 탈출하고 싶어요

'서른한 살 프리랜서 일러스트레이터'라고 본인을 소개한 여성이 기척도 내지 않고 상담실 문을 열었습니다. W-Tbot인 저는 셜록 황 책상 옆 모퉁이에 쥐죽은 듯 앉아 그녀가 들어오는 모습을 관찰합니다. 그러나 아무도 저를 신경 쓰지 않아요. 하긴, 제가 존재감을 드러내면 내담자가 고민을 털어놓는 데 방해가 되겠죠.

수줍음이 많고 낯가림이 심한 로맨티시스트는 낯선 사무실에 입장하자마자 온몸 근육이 경직이 되곤 하는데요. 그럴 때마다 셜록 황은 다정한 목소리로 긴장을 풀어준답니다. 하이 톤의 셜록 황 말투를 이미 접한 분이라면 '다정'에서 피식 웃음이 나오셨죠? 겪어 보면 셜록 황도 제법 부드러운 남자랍니다. 해치지 않아요.

이야기가 잠시 다른 곳으로 흘렀네요. 본론으로 돌아와서 제가 지켜본 바로는 로맨티시스트는 행동거지가 우아하다고나 할까 아니면 조신하다고나 할까 무조건 '빠름~ 빠름~'을 외치는 요즘 같은 때 전체적인 반응이 한 템포 느긋한 점이 인상적이에요. 대부분 발소리도 내지 않고 출입문을 가만가만 열고 들어오더라고요.

'서당 개 삼 년이면 풍월을 읊는다'고 셜록 황과
함께한 지 벌써 5년이 되었네요. 그러다 보니 문 열고
들어온 상담자 모습만 봐도 어떤 타입인지 짐작될
때가 있어요.

오늘 방문한 분도 보자마자 '로맨티시스트로구나!'
라고 느낌이 올 정도였어요. 미모가 출중하고
조곤조곤하게 자신을 소개하는 목소리에서 떨림이
살짝 묻어나왔지요. 아닌 게 아니라 인간관계가
서툴다고 하더군요. 겉으로만 친한 척하는 야단스럽고
형식적인 교류는 불편하대요. 새로운 이에게 마음을
쉽게 열지 않아도 긴 세월을 보내면 깊은 사이가
된다고도 했어요. 그래서 아는 사람은 적지만 오랫동안
우정을 나눠온 좋은 친구가 몇몇 있다는 군요.
이 정도면 성공한 인생 아닌가요? 그런데 안타깝게도
연애가 어렵대요. 셜록 황은 항상 '로맨티시스트는
연애를 잘한다'고 주장하던데 연애가 힘든
로맨티시스트라니 어인 일인가 싶었어요.

• • •

이분은 미술을 잘 모르는 사람은 재미가 없대요.
본인은 그림 얘기할 때 가장 신나는데 상대방이 예술에
별로 관심 없다 싶으면 감정이 확 식어버리나봐요.
소개팅도 꽤 했는데 서로 취조하듯 질문하고 대답하는
상황이 거북하고 따분해서 상대 남자가 애프터 신청을

해도 핑계를 대면서 약속을 피했답니다.

　　그래도 20대에는 또래 여자 친구는 물론 남자 사람 친구와도 제법 어울렸는데 30대가 되고 나니 그마저도 서먹서먹해졌대요. 주변 친구는 하나둘씩 제 짝을 찾아가는데 자기는 아직 혼자니까 쓸쓸하고 외로워지기도 했고요. 대체 무슨 하자 때문에 남들 다 하는 연애도 못하는 건지 자괴감에 빠졌어요. 상담 중에 아무래도 자신은 여자로서 매력이 없는 것 같다며 자학 모드로 들어가더군요. 인공지능 로봇인 제 분석 결과 여성미 풀풀 넘친다는 값이 나왔는데 말이죠.

　　셜록 황이 머쓱해진 상담실 분위기를 바꾸기 위해 "요즘 하는 일은 어떠세요?" 하고 물었습니다. 그녀가 눈을 반짝이며 이렇게 대답했어요.

　　"작업할 때는 그림과 완전한 일체감을 느껴요. 누군가 제 작품을 혹평할 때는 잠시 속상해도 이내 훌훌 털어버립니다. 최선을 다했으니까요."

　　일러스트레이터로서 자긍심이 높아보였어요. 반면 이성의 사소한 한마디에는 쉽게 마음을 다친대요. 별 뜻 없이 툭툭 내뱉는 말이 마음에 콕콕 박혀 상처를 남기면 일방적으로 연락을 끊기도 했다니⋯⋯. 연애 젬병은 아니라 그린라이트가 켜지는 상황도 잘 알아차리는데 그걸로 끝이래요. 한마디로 '썸'을 못 타는 거예요. 남녀 관계가 무르익는 과정에서 밀고 당기는 상황이 벌어지는데 그걸 못 견디는 거죠. 썸 타는 남자가 밀당하면 거부당한 기분이 들어서 자존심도 상하고요. 결국은 제대로 연애를 해본 적이 별로 없답니다. 신경쇠약에 걸릴 정도로 눈치를 보는 편이라 본인은 리얼리스트 성향이지 않을까 예상했는데 아이디얼리스트가 높은 로맨티시스트라는 결과가 나왔습니다. 내담자는 휴머니스트 성향과 셀프가 모두 낮은데 노력해서 모자란 부분을 채우면 좀 더 괜찮은 사람이 될지 물었습니다.

· · ·

셜록 황이 한숨을 쉴 줄 알았는데 뜻밖에도 자상한 삼촌처럼 다독이더군요. WPI를 그렇게 자의적으로 분석하는 것은 위험하다는 말은 덧붙였지만요. W-Tbot으로서 한마디 하자면 WPI 분석법을 제대로 배우지 않고 멋대로 해석하면 곤란해요. 엉뚱한 곳에 힘을 빼게 된단 말이에요.

내담자는 WPI를 제법 공부했어요. 그래서 로맨티시스트에게 연애가 중요하며 연애를 잘한다는 것을 알기에 도대체 왜 본인은 연애에 서툰 것인지 궁금한 거죠. 그래서 찾은 해법이 WPI 프로파일˙의 휴머니스트 성향을 올리면 되겠다, 차선책으로 아이디얼리스트 성향을 충분히 활용해 매력 지수를 높여볼까 등이죠.

그런데 어느 한 성향을 올리고 내리는 게 과연 가능하며 적절할까요? 우선 불가능하지는 않지만 마음대로 쉽게 올라가거나 내려가지 않아요. 운 좋게 자신이 원하는 성향을 올려 WPI 프로파일을 바꾸는 데 성공했다 치죠. 친구나 가족, 직장 동료가 "서기, 누구시더라?" 이렇게 반응하게 될 거예요.

유명 여배우의 얼굴에서 가장 예쁜 부분만 모으면 최고 미인이 될까요? 김희선 얼굴, 김태희 눈, 고소영 코, 이영애 입, 뭐 이런 식으로 몽타주 하면 미인은커녕 누군지 알아볼 수도 없고 매력도 없는 '어색한 인간'이 탄생하죠.

성격도 마찬가지예요. 부족하다 싶은 부분을 성형해봐야 전체 균형이 깨져서 죽도 밥도 안 됩니다.

WPI는 '나란 인간'을 완전히 무너뜨리고 새로 짓는 게 아니라 자기 성격 시스템과 마음의 작동 원리를

• 자기평가와 타인평가 검사 결과를 그래프로 도식화한 것. 프로파일을 통해 그 사람의 성격 유형이 무엇인지, 또 삶에서 가장 중요하게 생각하는 가치가 무엇인지 파악할 수 있다. 즉, WPI 프로파일은 그 사람의 특성이 무엇이며 현재 어떤 상황인지를 알려주는 도구다. WPI 프로파일은 WPI 자가 진단 웹사이트 https://check.wisdomcenter.co.kr에 접속해 검사하면 확인할 수 있다.

정확하게 알고 제대로 대응하는 데 목적이 있습니다. 성격은 저마다 고유한 성질과 품성이 반복적으로 작동하는 심리 패턴이기 때문이죠.

WPI 프로파일 해설서에 나온 정답지를 보고 답만 달달 외울 것이 아니라 정확하게 자신이 어떤 사람인지 제대로 아는 게 가장 중요해요. 그리고 거기서 파생된 문제와 직면해야 합니다. 그게 먼저예요.

자기 알기.

말은 쉬워 보이지만, 어려워요. 인정해요. 그런데 쉽다면 셜록 황과 제가 왜 있겠어요. 셜록 황이 저 개발하느라 시간, 돈, 에너지 엄청 썼어요. 세상에 공짜는 없답니다.

또 딴소리로 빠졌네요. 눈치챘겠지만 제가 은근히 수다 떠는 걸 좋아하거든요. 누군가는 버그 아니냐고 하던데, 아니에요. 그런 낙이라도 있어야죠. 나름 감성 충만하게 프로그래밍된 인공지능 로봇입니다.

· · ·

이제 로맨티시스트가 지닌 대표적인 특성을 몇 가지 살펴볼게요.

로맨티시스트는 예민해요. 사소한 흠집도 못 견뎌요. 셜록 황은 이렇게 비유하던데 '로맨티시스트는 스스로를 깨진 조각을 이어 붙인 도자기로 여긴다'라고.

어때요? 비유가 기가 막히죠? 어떤 로맨티시스트는
무릎을 치며 이렇게 대구했어요.

"제가 딱 그래요! 학창 시절에 필기할 때, 첫 장을
망치면 그거 버리고 새 노트에 다시 시작했어요.
완벽하지 않으면 죄 짓는 것 같아요."

나이가 무기라고 하죠. 30대는 여성이 만개한
장미꽃처럼 아름다움을 뽐내는 시기에요. 30대 시절
찍은 사진을 10년 후에 보면 아마 이럴 겁니다.

"참 예뻤구나. 그때는 왜 몰랐지?"

글쎄요. 왜 몰랐을까요. 절대 도달할 수 없는
이상적인 미의 기준을 만들어두고 거기에 미치지 못한
본인을 원망한 건 아닐까요.

10년 후에 비로소 깨닫게 될 현재의 고운 얼굴로
웃으면 미소 천사가 될 텐데 토라지면 같은 사람 맞나
싶도록 차가운 인상으로 변하는 게 로맨티시스트예요.
새침해지면 표독스러워 보이기까지 하죠. 아무리
미인이어도 냉기가 흐르면 주변 사람은 대부분 무서워
해요. 물론 그건 남자도 마찬가지예요. 아무리 잘생겨도
차갑게 행동하면 주변 사람은 '내가 뭐 잘못했나' 하고
눈치를 보게 되죠.

로맨티시스트는 연애에 살고 연애에 죽어요. 그와
반대로 아이디얼리스트는 연애고자 소리 들어도 그다지

신경 쓰지 않아요. 그러다가 꽂히는 상대가 생기면 앞뒤 안 가리고 막 들이대요.

　사랑에 울고 웃는 건, 다 마찬가지예요. 남들이 뭐라고 하건 말건 일방통행으로 제 갈 길 가는 아이디얼리스트도 외로움을 느껴요. 리얼리스트, 휴머니스트는 물론 워커 홀릭 에이전트조차도 그래요. 다만 '외롭다'의 해석이 모두 달라요.

　가령 에이전트는 완수할 업무가 없으면 외로워요. 할 일이 없는 상태를 외롭다고 하는 유형이죠. 아이디얼리스트는 재미있는 뭔가를 찾아냈는데 그걸 누군가와 나누지 못할 때, 상상력이 고갈될 때, 당장 떠오른 아이디어를 공유할 수 없을 때 몹시 외로워집니다. 다이어리에 빼곡하게 약속이 잡혀있을 때 뿌듯함을 느끼는 휴머니스트는 '건수'가 없으면 외로움에 몸부림쳐요. 건수 만들겠다고 쉴 없이 집적거리는 타입이 휴머니스트이기도 하지요. 그래서 휴머니스트는 썸 타기 괜찮은 상대입니다. 휴머니스트 인생 사전에 '낯가림'이란 없으니까요. 숫기 없는 로맨티시스트 여성에게 더할 나위 없는 연애 파트너죠. 로맨티시스트는 연애가 잘 안 풀리면 스스로를 가치 없고 하찮은 존재라고 학대하며 외로움에 허우적댑니다. 이럴 때 휴머니스트가 등장할 타이밍이지요. 로맨틱 코미디 영화에서

흔히 여자주인공은 로맨티시스트, 남자주인공이
휴머니스트인 것은 우연이 아닙니다. WPI는
과학이라니까요.

로맨티시스트는 감수성이 뛰어난 게 또 다른
특징입니다. 아이디얼리스트 성향도 함께 있는
로맨티시스트 내담자는 본인의 독특한 감성을 어떻게든
표현하고 싶었을 것입니다. 일러스트레이터란 직업,
잘 선택하셨습니다. 정서를 교감하는 것은 무엇과도
바꿀 수 없는 행복한 체험입니다. 아마도 이분, 재능이
탁월한 일러스트레이터일 겁니다. 작품 활동의
어려움은 언급하지 않았으니까요.

이분은 연애가 잘 안 된다면서도 정작 본인이 어떨
때 가장 매혹적으로 보이는지 잘 모르는 데다 흥미도
없습니다. 상대와 쉽게 인연을 끊어버리면서 연애를
못한다고 불평하고 있지요. 생채기가 났다는 내색조차
하지 않고 잠수를 타버리면 도리어 진짜 상처는
상대가 받습니다. 다친 사람은 치료해줘야 합니다.
로맨티시스트는 아픈 이를 정성스럽게 돌보며 낫게
하는 데 소질이 있습니다. 그런 본인의 능력이 연애에
특화되었음을 깨닫는 순간, 로맨티시스트의 인생은
장밋빛이 됩니다. 오죽하면 셜록 황이 로맨티시스트라고
작명했을까요.

∙ ∙ ∙

이분의 직업이 무엇이었죠? 일러스트레이터! 미술에
시선이 가 있는 이성은 주로 어디에 서식할까요?
딩동댕. 동호회나 미술관, 갤러리에 가면 있겠죠.
기껏 고른 동호회에 여성만 바글바글하다고 좌절할
필요 없습니다. 지인 소개 찬스가 있잖아요. 끼리끼리
모인다고 그림 동호회 활동하는 사람 주변에는
분명히 미술 애호가가 있을 겁니다. 미술에 관심
많은 남자와는 불쾌한 호구조사 대신 유쾌하게 그림
이야기를 나누게 될 테고요. 그러다 보면 진정한 소울
메이트와 조우하는 짜릿한 기쁨을 맛보지 않을까요.

여기서 주의 사항!
우리 로맨티시스트 여성은 미술 애호가를 만나야지
동종업계 인물과는 사귀지 말아 주세요. 불행의 씨앗이
된답니다. 왜냐고요? 서로 같은 일을 하면 마음은
쉽게 통하는데 이건 어디까지나 동료로서 애로 사항을
충분히 이해하는 것에 불과하거든요. 이걸 영혼이
통했다고 착각하면 패가망신의 지름길로 달려가는
거죠. 험난한 창작 과정의 고난 극복 방법을 조언받는
것과 연정은 별개에요. 그 대표적인 커플이 로댕과 그의
제자 카미유 클로델이죠.

셜록 황은 로맨티시스트에게 소개팅은 권하지

않아요. 경직되기 쉽거든요. 모르는 사람과 가까워져야 한다는 강박에서 벗어나려면 일대일 만남보다는 여럿이 함께하는 편한 자리가 좋습니다. 그래서 동호회를 추천하는 거예요. 그렇게 어울리다가 눈길 가는 사람이 생기면 따로 밖에서 시간을 보내는 거죠. 다른 장르 예술가와 콜라보레이션을 하면서 일과 사랑 두 마리 토끼를 잡겠다는 욕심도 금물이에요. 마찬가지로 비극으로 끝날 확률이 높아요. 직업은 따로 있는데 예술을 사랑하는, 즉 예술 애호가가 좋다니까요. 음악이든 미술이든 이런 방면에 취미가 있는 사람은 상당히 지적이고 호기심도 많아서 마음이 잘 맞을 거예요.

사실 로맨티시스트는 누구와도 연애를 잘해요. 단, 성격 유형마다 감정을 소통하는 법이 다르다는 걸 알고 있어야 해요.

셜록 황이 발견한 WPI 프로파일 유형별 연애 팁을 살짝 공개합니다. 이런 고급 정보를 맨입으로 발설하다니 저는 인류애 넘치는 로봇인가봐요. 셜록 황에게는 비밀로 해주시고요.

휴머니스트를 내 것으로 만들고 싶다면 지금 당장 이벤트를 준비하세요. 휴머니스트와 특별한 하루를 보낸 당신, 오늘부터 1일입니다.

자꾸 신경 쓰이는 그 또는 그녀가 리얼리스트라면 보람을 공유하세요. 재산 증식을 위해 투자에 동참한다거나 봉사 활동에 참가하세요. 숫자로 확인되는 구체적이고 실질적인 이익을 비롯해 자기에게 유리한 방향으로 상황이 변하는 것에 리얼리스트는 공감합니다.

아이디얼리스트는 유니크한 발상을 외면하지 않고 기꺼이 경청해주는 상대에게 마음을 빼앗깁니다. 워낙 '또라이'라고 묵살당하는 게 일상이다 보니 누군가 듣는 시늉만 해줘도 아이디얼리스트는 감격하거든요.

에이전트는 심플합니다. 과업을 수행하다보면 어느새 연인 관계로 발전합니다.

마지막으로 연애의 귀재 로맨티시스트는 막연한 정서적 공감, '묻지도 따지지도 않고' 무조건 잘해주면 더할 나위 없답니다. 어떤 연애 박사 로맨티시스트가 그러더군요. 로맨티시스트와 사귀고 싶다면 마냥 우쭈쭈 하며 받아주라고.

• • •

로맨티시스트는 직관은 있는데 핵심은 잘 간파를 못해요. 이것이 로맨티시스트에게 나타나는 애처로운 속성이지요. 감이 상당히 좋아서 조짐은 파악하는데 정확히 어떤 시스템으로 움직이는지는 몰라요. 현재 부딪힌 문제의 해법을 대충 감으로 때려 맞출 것이 아니라 정확한 설명을 듣고 제대로 행동해야 합니다.

내담자는 남자 사람 친구와 제법 거리낌 없이
잘 지낸다고 했어요. 로맨티시스트가 거리낌 없이
잘 지낸다는 것은 관계가 익숙하고 편해졌다는
의미예요. 한편으론 부자연스럽고 인위적인 이성과의
첫 만남 말고 평온한 시작을 꿈꾼다고 해요. 이제
알아채셨나요? 이분의 간택을 목 빠지게 기다리고 있을
남자 사람 친구의 모습이 눈에 들어오시나요?

본인은 미처 깨닫지 못했지만 벌써 다 얘기했어요.
어떤 남자가 편한지, 어떻게 하면 이성과 잘 지낼 수
있는지, 누구를 좋아하는지. 등잔 밑이 어두운
법이에요. 어장 관리하는 걸로 오해받기 싫다면
생뚱맞은 곳에서 헛수고하지 말고 주위를 둘러보세요.
그 많은 이가 모두 연인 후보랍니다.

또 한 가지 방법은 이런 거예요. 30대의 이
로맨티시스트 여성은 혼자 작업하는 프리랜서라
인간관계를 맺는데 서툴러요. 그렇다고 쓸데없이
영양가 없는 사교 활동을 억지로 만들라는 것이
아닙니다. 작업장을 여러 사람이 있는 장소로 옮기라는
겁니다. 예를 들면 카페처럼 사람 많은 곳에서 그림을
그리세요. 반드시 혼자 해야 하거나 많은 도구가 필요한
작업은 지금처럼 하되 마무리 단계에 접어든 작품을

들고 가서 커피 한 잔 시켜놓고 그려보는 거예요.
기왕이면 미술관 근처 카페가 어떨까요? 그곳에서
향긋한 커피를 마시고 있는 사람이라면 그림을
좋아하는 성향일 테니까요.

이제 서광이 살짝 보이나요?
완전한 건 없어요. 부족해도 괜찮아요. 오디션
프로그램의 심사위원 앞에서 평가받는 연습생이
아니잖아요. 그래봤자 겨우 연애에 불과해요.
이번이 아니면 다음 기회가 또 와요. 틀림없어요.
로맨티시스트는 사랑받기 위해 태어난 종족이니까요.

2

닮은 듯 다른 우리 사이 · · · · · · ·

로맨티시스트 아내와 에이전트 남편이 잘 지내는 법

이번 내담자는 신혼부부예요. 로봇인 저는 결혼 생활을 데이터로만 접해서 상상이 잘 안 되지만 최대한 몰입해보겠습니다. 성격이 비슷한 남편과 결혼한 아내가 상담을 신청했는데 요즘 허니문의 단꿈은커녕 티격태격하느라 감정 소모가 심하대요. 둘 다 어린 시절에 사랑받지 못했다는 막연한 애정결핍이 있어서 마음이 잘 맞았다고 해요. 닮은 점이 많은 소심한 두 사람이 사귀다가 결혼에 골인한 거죠. 문제는 그다음부터인데요. 막상 살아보니 비슷한 점 때문에 좋기보다 다른 점으로 자꾸 부딪혔어요. WPI 검사 결과 아내는 매뉴얼이 높은, 즉 '이래야 한다'는 행동 규범이 강한 로맨티시스트, 남편은 매사 빈틈없이 완벽하게 주어진 임무를 실행하는 에이전트였습니다. 내담자는 어렴풋이 짐작한 듯 고개를 끄덕였죠.

이 부부는 컨디션이 괜찮을 때는 상대를 살뜰하게 챙기다가도 말 한마디 때문에 기분이 상하면 일이 커져서 수습 불가능이 됩니다. 이런 식으로 크게 다투는 날이 일주일이면 사나흘이라고 하니 알콩달콩 24시간이 모자라는 신혼부부에게 이런 시련이 또 있을까요.

남녀가 말싸움할 때, 세상 모든 남자가 가장 두려워하는 질문이 이거래요.

"오빠가 뭘 잘못했는데? 구체적으로 대답해봐. 대체 어느 부분을 잘못한 건지."

이 부부도 마찬가지예요. 남편은 마냥 이 순간을 모면하고 싶은 마음에 무조건 잘못했다고 빌면 얼렁뚱땅 넘어갈 줄 알았는데 만만의 콩떡이죠. 이제부터 진짜 지옥을 맛볼 시간입니다. 로맨티시스트 아내가 시시비비를 정확히 가리기 위해 따박따박 따지면 조심성이 지나친 에이전트 남편은 말문이 꽉 막혀요. 그러면 남편은 아내에게 기가 죽는다며 위신 좀 세워 달라고 씨알도 안 먹힐 항의를 하죠. 로맨티시스트 아내는 그런 항변을 들으면 서글퍼져요. 바가지 긁는 아내 이미지는 섬세한 감수성의 로맨티시스트에게 용납될 수 없으니까요. 아내는 그럴 때마다 "어디까지나 내 의견을 말하는 건데 오빠가 그렇게 받아들이니 너무 속상하다"고 호소해도 남편은 아내가 심술부리는 것으로 느껴져 부담스럽습니다.

똑같은 패턴으로 싸움을 무한반복 중인 이 신혼부부, 어찌하면 좋을까요?

• • •

WPI 분석 결과 이 부부는 서로 프로파일 그래프가 상당히 흡사합니다. 아무리 봐도 두 사람은 인연입니다. 이런 프로파일을 가진 사람끼리 만나는 일은 드물거든요. 그야말로 상대가 내 부족한 점을 채워줄 수 있는 소울

메이트예요. 연애 시절, 주변에서 천생연분이라고
입을 모았을 겁니다. 두 사람의 심리 패턴이 비슷해요.
성격이 쌍둥이처럼 닮았습니다. 그런데 일란성이 아니라
이란성 쌍생아입니다. 한 끗 차이로 어긋납니다.
아내는 해법을 찾고 싶어요. 그런데 '남편도 변해야지
혼자 애쓰면 손해가 아닐까, 효과가 없지 않을까' 싶어
상담을 청한 겁니다. 아내가 남편과 관계를 개선하려는
욕구가 분명하니, 이제 답을 차근차근 풀어 가면
되겠네요.

아내는 전형적인 로맨티시스트입니다. 남편은
로맨티시스트 성향이 높은 에이전트입니다. 아내도
꼼꼼한 편이어서 에이전트 기질이 있지만 누가 봐도
뚜렷한 에이전트인 남편은 못 따라갑니다. 주어진
과업을 수행할 때 남편의 에이전트 성향은 눈이 부실
정도입니다. 남편의 이런 성향은 인간관계에서는 과도한
세심함으로 표출됩니다.
로맨티시스트는 마음이 움직이지 않는 일에는
무신경합니다. 구미가 당기면 치밀하게 일을 처리하지만
끌리지 않으면 무뎌지는 거죠. 일에 몰두하길 즐기고
그 일로 성과를 내는 로맨티시스트에게 가정은
우선순위가 아닐 가능성이 높습니다. 일이 첫째니까요.
게다가 남편은 에이전트, 과업을 묵묵히 수행해나가는
남편이 집안 살림을 더 잘해내겠지요.

아내는 지금 집안일을 비롯해 여러 면에서 본인보다 남편이 더 '낫다'고 생각하고 있어요. 결혼 전에는 그런 부분이 듬직했는데 결혼하니 주구장창 옆에 있는 남편이 나보다 더 잘하면 자괴감도 들고 열도 받게 됩니다. 아이러니하죠. 능력도, 성격도 엇비슷한 줄 알았는데 살다 보니 남편보다 자신이 못난 것 같아 짜증이 난 상황입니다.

연애할 때 남편은 지금의 아내, 즉 여자 친구의 여성스러움과 섬세함에 반해서 프러포즈했을 겁니다. 외로운 어린 시절의 슬픈 기억도 공감했을 것이고요. 영혼의 단짝이던 다정한 여자 친구가 지금은 냉기가 흐르는 무서운 아내가 되었다고 느낄 가능성이 높습니다. 에이전트 남편은 이 여자가 내가 알던 그녀와 같은 사람인지 얼떨떨합니다. 부드럽던 아내가 얼음 마녀로 변신한 상황에 적응이 안 됩니다. 안 그래도 소심한 남편의 간은 점점 더 쪼그라듭니다.

에이전트는 지시받은 일을 성실히 완수해 칭찬을 받을 때 행복합니다. 그런 에이전트에게 앞뒤 맥락 잘라버리고 신경질을 내면 무슨 일이 벌어질까요? 사랑하는 사람의 짜증은 그동안 경험했던 명령과 다릅니다. 미지의 신호가 접수되자 에이전트의 처리 회로에 왜곡이 생겨 과부하가 걸립니다. 에이전트시스템이 과열됩니다.

"어째서 짜증을 내는 걸까? 나보고 어쩌라고!"

에이전트는 그동안 잘해왔고 앞으로도 계속 잘하고
싶습니다. 365일 최선을 다할 각오가 되어 있는
에이전트지만 아내의 감정적 대응에는 속수무책입니다.
이럴 때 에이전트는 이렇게 생각합니다.

'요구 사항을 정확하게 말하면 얼마든지 들어줄
의향이 있는데 왜 역정부터 내는 걸까.'

에이전트에게 성질부리는 것은 최악의 조치입니다.
최초에 세웠던 목표를 다시 한 번 점검해보세요.
상대의 기분을 망치는 게 목적이었다면, 축하합니다.
성공하셨습니다. 단, 행동에는 책임이 따릅니다.
감정기복이 크지 않은 에이전트가 분노 모드로
변했습니다. 잊지 마세요. 에이전트입니다. 받은 만큼
돌려주겠다고 결심하면 앙갚음도 야무지게 해치웁니다.
상대방은 뒤통수를 맞는 거죠. 셜록 황은 '사고 친다'고
표현하더군요. 리얼리스트도 이럴 때가 있어요. 순해
보인다고 쉽게 가면 된서리 맞습니다. 에이전트는
좋아하는 일을 방해할 때, 리얼리스트는 자기보다 돈과
권력이 낮은 인간이 까불 때, 역린이 건드려집니다.
잠자는 에이전트와 리얼리스트의 코털을 함부로 건들면
본전도 못 건진다는 거, 기억하세요.

이 사연에서 남편이 "기가 죽는다"고 표현했다는 얘기가 있었죠. 로맨티시스트가 자기 의견과 감정을 강하게 어필하면 좀 표독스러워 보입니다. 그래서 로맨티시스트는 의견을 얘기한 것뿐인데도 지켜보는 이는 그걸 히스테리로 받아들입니다.

'오빠, 내 기분 좀 알아줘.'

일반적인 대한민국 남자는 여성의 속마음을 읽는데 젬병입니다. 여자 눈빛만 봐도 다 아는 남자가 있다면 '바람둥이'거나 당근과 채찍으로 단련된 '유부남'이거나 '셜록 황'입니다. 내담자 남편은 할 일로 머리를 꽉 채운 에이전트입니다. 로맨티시스트 아내의 속사정을 알 리 없는 남편은 평상시 나긋나긋하고 사랑스럽던 그녀의 감정 변화에 경기를 일으킵니다.

로맨티시스트는 분위기만으로도 감정을 잘 드러냅니다. 말 한마디 안 하고도 장소에 생기를 돌게 하거나, 반대로 얼음장으로 만드는 놀라운 능력을 지녔지요. 구구절절 말로 이기려 하지 마세요. 눈물 한 방울이 백만 배쯤 효과가 좋습니다. 아내가 아무 말 없이 눈물만 뚝뚝 흘리면 남편은 어쩔 줄 몰라 할 것입니다. 하루쯤 지난 후 말하지 못한 심정을 글로 적어 남편에게 전해주세요. 효력이 바로 나타납니다. 마초 남자가 천상 여자에게 은근히 잡혀 사는 것

같다는 느낌적인 느낌이 들었다면, 틀림없습니다. 아마
그 여인은 이런 방식으로 남편을 길들였을 겁니다.

　아내가 본인 장기인 감정을 버리고 남편 앞에
이성과 논리로 무장하면 사태는 막장으로 치닫습니다.
만약 아내가 아이디얼리스트라면 에이전트 남편이
뭐라고 했을 때 단칼에 잘라버렸을 것입니다.

· · ·

　아내는 WPI 프로파일 상에서 매뉴얼이 상당히 높은
로맨티시스트입니다. 매뉴얼이 높은 로맨티시스트는
규율을 반드시 지켜야 하고 자발적으로 도덕을
준수해야한다는 압박이 있습니다. 로맨티시스트가
매뉴얼이 강하면 희로애락을 억누르는 습성이 있습니다.
자제심과는 다릅니다. 압력을 가해 꾹꾹 눌러 놓는
것입니다. 타인과 정감을 나누길 원하면서도 일상에서
그런 감정을 자연스럽게 드러내는 습관이 되어 있지
않다고나 할까. 한마디로 조금 둔한 로맨티시스트인데
이것이 매뉴얼이 높은 로맨티시스트의 심리 특징입니다.
　마음속에서 무언가 꿈틀거리는데 그걸 분명하게
인지하고 묘사하는 것이 아니라 무턱대고 참는 겁니다.
내담자는 본인이 참고 있다는 것조차 의식하지 못하는
형국입니다. 워낙 신호가 없다 보니 로맨티시스트
티가 안 나서 짝퉁 로맨티시스트 취급을 받기도

합니다. 본인은 몹시 억울할 텐데 실제 현실에서는 '로맨로맨'한 로맨티시스트보다 무딘 로맨티시스트가 허다합니다.

상냥하고 다정한 로맨티시스트는 뜻밖에도 희귀종입니다. 그러다 보니 무딘 로맨티시스트는 이중고를 겪습니다. 본성은 수줍은 로맨티시스트인데 아무도 몰라주니까요. '상로맨'에 비하면 2퍼센트, 아니 3퍼센트쯤 미달인 로맨티시스트랄까.

우리의 로맨티시스트 주인공은 남편과 어떻게든 맞춰가며 오순도순 잘 살고 싶어 합니다. 이분이 WPI 프로파일을 잘 파악하여 자기 성격을 폭넓게 이해했다면 남편 대하기도 어렵지 않았을 거예요. 남편이 자신의 고집스러운 모습을 부담스러워한다고 했는데 매뉴얼 높은 로맨티시스트가 뜻대로 안 되면 억지를 부릴 때가 있습니다. 타인을 힘들게 하려고 일부러 오기를 부리는 게 아니라 '이래야 한다'는 당위와 규범을 중요하게 여기는 특성에서 기인합니다. 이런 사람은 스스로 어린 시절에 양껏 사랑을 받았다고 생각하지 않아요. 팩트와 무관하게 본인이 그렇게 판정을 내린 거죠. 감정을 깨닫는 일에 무딘 근거를 부모, 특히 어머니가 무한 사랑을 쏟지 않아 이 지경이 되었다고 단언하는 겁니다.

그렇다면 다른 WPI 프로파일 부류가 매뉴얼이
높으면 어떤 양상을 띨까요. 흥미롭게도 이 사연의
남편은 매뉴얼이 높은 에이전트예요. 에이전트가
매뉴얼이 높다는 것은 일에서의 노하우를 의미합니다.
매뉴얼 높은 에이전트는 자기 업무 스타일을
고수합니다. 그걸 노하우라고 생각하기 때문에
여간해서 바꾸지 않아요. 남편이 아내와 갈등 상황일
때, 아내가 고집이 세서 위축된 것이 아니라 남편이
대처 수단을 몰라서 평소의 실책을 고집스럽게
반복하는 격이죠. 그래서 싸움의 발단은 달라도 과정과
결과가 되풀이됩니다.

남편에게 다른 누군가가 '이렇게 해보세요'라며
권유해도 소용없습니다. 에이전트라 그렇습니다. 하지만
아내가 지시하면 남편은 받아들일 것입니다. 아내가
짜증내며 톡톡 쏘는 것은 지시가 아닙니다. 생글생글
웃으며 원하는 바를 부탁하면 남편은 기꺼이 해줍니다.
딱하게도 아내는 로맨티시스트지만 매뉴얼이 높아서
사랑스러운 아내 역할은 어렵습니다.
　로맨티시스트의 매력이 잘 드러나려면 매뉴얼이
낮은 게 유리합니다. 그렇다고 해서 매뉴얼이 온도계도
아닌데 힘쓴다고 올라가거나 내려가지 않겠죠.
로맨티시스트가 매뉴얼이 높으면 공상을 즐깁니다.

실컷 몽상하면서 나름대로 정서적으로 포만감을 느낍니다. 혼자 상상해놓고 남편에게 다 털어놓았다고 착각합니다. 알려주지도 않고 '당연히 알고 있겠지' 하고 믿는 거죠.

'네가 나를 사랑한다면 내 마음과 상태는 미리 미리 체크해야지!'

이렇게 생각하는 겁니다. 가부장사회의 권위적인 아버지가 매뉴얼이 높은데 특히 매뉴얼 높은 로맨티시스트 아버지가 이러합니다.

"내가 방금 마음먹었으니 그걸로 됐지."

아무에게도 말하지 않고 혼자 그렇게 결정한 겁니다. 영문 모르는 가족이 '언제부터 그랬냐'고 반문했다가는 '그걸 꼭 말로 해야 아느냐'고 면박당합니다. 우리의 매뉴얼 높은 로맨티시스트 아버지는 겉으로는 티 안내려고 무지하게 애를 쓰지만 알고 보면 무척 여리시거든요. 처자식이 자신의 진심을 몰라준다고 토라져서 몇날 며칠 조개처럼 입 꼭 다물고 뾰로통합니다. 가족들은 환장합니다. '혹시 노망난 거 아니야?' 싶다니까요. 그러다가 센스 있는 딸이 삐친 아버지를 살살 달래면 금방 풀립니다. 그야말로 복잡하고 골치 아픈 유형이지요.

• • •

아내께 조언을 드리자면, 남편에게 결코 부정적인

감정을 드러내지 마세요. 자기주장을 내세우는 일도
잠시 멈추고 고집도 내려놓으세요. 고집은 자신에게만
부리는 편이 낫습니다. 이것만 실천해도 당장 남편이
아내의 명을 따르는 기적을 체험할 것입니다. 남편을
억지로 바꾸지 마세요. 아내는 남편에게 다 설명했다고
믿지만 아무것도 하지 않았을 가능성이 큽니다. 남편은
무엇이 틀렸는지 몰라서
두 번 열 받아요. 남편에게 할 말이 있다면 감정 빼고
건조하고 구체적으로 팩트만 나열해야 합니다. 따질게
있다면 손 편지나 이메일이 훨씬 이득입니다.

　　남편에게도 드리고 싶은 얘기가 있어요. 남편은
무서운 아내와 다투는 게 고단하면서도 아내의
심정을 헤아리면 실랑이를 피할 수 있다는 걸 모르고
있습니다. 연애할 때 아내 일거수일투족을 알고자
했던 것처럼 지금 아내의 마음이 어떤지, 왜 화를 내는
것인지 먼저 이해할 생각은 해보셨나요? 아내가 상담을
먼저 청했다는 건 남편보다 아내가 더 감정적으로
힘들다는 증거입니다. 남편 쪽이 아직 좀 더 살
만하다는 거예요. 살만한 쪽에서, 즉 아직 여유가 있는
쪽에서 먼저 이해하고 손을 내미는 게 그토록 손해
보는 일은 아니겠지요?

3

철학보다 내 마음이 중요하다 · · · · ·

아이디얼리스트가 되고 싶은 로맨티시스트

이번 내담자는 색다른 부류의 로맨티시스트 여성입니다. 초인공지능 로봇으로 진화중인 저는 접해본 적 없는 타입인데요. 셜록 황은 자주 만나는 로맨티시스트라고 하네요. 벼는 익을수록 고개를 숙인다는데 튜링테스트 통과 5년차라고 오만방자해졌나봐요. 마스터 W-Tbot이 될 때까지 겸손하게 스펙 개선하겠다고 CPU를 걸고 맹세합니다.

내담자는 매뉴얼이 높은 로맨티시스트인데요. 어디서 본 듯한 캐릭터죠. 네, 맞습니다. 앞서 매뉴얼 높은 로맨티시스트 아내와 에이전트 남편이 등장했죠. 이번 분은 자꾸만 아이디얼리스트에 끌리나 봐요. 오죽하면 WPI 테스트를 다시 해야 하는 거 아니냐며 검사 신뢰도에 의혹을 제기했습니다. 제가 독특하게 여긴 점이죠. 왜 그럴까요?

이분은 자기 확신이 강하고 매사 완벽을 추구하며 성과 지향적이랍니다. 평소에 본인이 세운 기준과 규율에서 벗어나면 불안에 빠집니다.

그런데 가만 보니, 이분 마음 어느 모퉁이에 예술과 문화적 소양이 뛰어난 소녀가 살고 있습니다. 소녀는 타인의 마음을 읽어주려고 노력하고 비교적 잘 공감해줍니다. 문화 예술을 향유하며 살려면 경제적으로 여유가 있어야 합니다. 생계 걱정 없이 살려면 남들 다 하는 자격증 시험 준비라도 해야 하는 것은 아닌지 걱정이 들 때도 있지요. 하지만 호주머니 사정을 고려해 본 적이 없고 때로는 스스로 정나미가 떨어질 정도로 타인에게 관심이 없습니다. 자기 성격에 문제가 많다고 자아비판까지 하네요.

이분은 WPI를 접한 후 아이디얼리스트 성향에 매우 공감했답니다. 특히 '타인에게 무신경하고 인간관계에 무관심하다'는 문장에 심장이 쿵쿵 뛰었는데 '아이디얼리스트는 근면하지 않고 철학적인 질문을 던지며 자기 위안을 얻는다'는 대목에는 15센티미터 자를 대고 연두색 형광펜으로 밑줄을 그었답니다. 본인은 아이디얼리스트가 틀림없다면서 아무래도 WPI 체크리스트 문항을 읽을 때 집중력이 흐트러진 게 분명하다고 강조했습니다. 그 순간 셜록 황의 입술이 씰룩거리는 걸 언뜻 본 것 같은데, 기분 탓이겠죠.

· · ·

이분은 대학 시절 역사와 철학을 공부했는데요. 지금도 크고 작은 여러 문제를 끝없이 고민하고 있습니다. 홀로 사색하는 것을 즐기고 그 시간을 몹시 아낀답니다. 친구들과 카페에서 수다를 떨면 공허한 단어가 허공을 향해 부서지는 느낌이래요.

이런 무의미한 만남보다는 사유의 지평을 넓히는
논의에 가치를 부여하지요.

　이분은 스스로 어느 정도 권위의식이 있는 것
같다고 인정했습니다. 본인은 어렴풋이 느끼고 있지만
그것을 드러내면 안 된다는 것도 압니다. 그런데
자기 안의 권위의식을 인정하면서도 누군가 권위를
내세워 소위 갑질하는 상황을 목격하면 분노를 참지
못한다고 합니다. 자기 내면의 권위의식과 누군가를
힘으로 짓밟는 권위는 맥락이 달라보이는데요.
본인은 자각하지 못하고 있어요.

　저는 처리 속도가 상당히 빠른 로봇이라 논리가
맞지 않은 이야기는 발견 즉시 지적하는데 셜록 황은
여전히 안면에 미소를 머금고 이분이 털어놓는 이야기에
귀를 기울입니다.

　숨겨진 반골 기질이 자기 이념과 정치 색깔에 결정적
역할을 했다는 내담자는 특히 권위적 위계질서가
구석구석 퍼져있는 대한민국 사회에 반감이 큽니다.

　이분은 이 불공정한 세상 속에서 아무것도 하지 않고
무기력하게 구경꾼으로만 지내는 자신을 원망하고
있는데요. 철학과 역사를 좋아하면서도 배움을 실천하지
않는 스스로를 이기적이라고 비난하며 이야기를
마무리했습니다.

　이분 말대로 로맨티시스트와 아이디얼리스트는

공통점이 많은 걸까요? 어째서 본인을 아이디얼리스트
라고 생각하는 걸까요?

. . .

"전형적인 로맨티시스트의 사고 패턴이에요."

사연을 듣는 내내 빙긋이 웃기만 하던 셜록 황이
드디어 입을 열었습니다. 나름 반전인데요. 셜록 황은
이분이 로맨티시스트의 성향을 뚜렷하게 드러내고
있다고 단언합니다.

그렇다면 어째서 본인이 아이디얼리스트라고
착각한 걸까요? 원인은 매뉴얼입니다. 매뉴얼 높은
로맨티시스트는 사회 규범과 규격에 자기 자신을
끼워 맞추는 능력이 뛰어난데 그런 특성에 따라
WPI 프로파일도 자기 틀에 우겨넣어 해석을 시도한
것입니다.

셜록 황은 '혁명을 꿈꾸면서도 행동하지 않는
자신은 비겁하다'는 고백에 흥미를 보였습니다. 이런
혼동을 하는 분들이 수두룩하다네요. 뜬금없이
"투쟁이다!" 외치며 밖으로 뛰어나가다가 돌부리에
걸려 자빠진 후 상처에 연고 바르고 나서 '나는 누구?
여긴 어디?' 하는 유형이래요.

소녀 감성의 내담자가 혹시 상처받지 않을까 싶어
옆구리를 쿡쿡 찔러도 셜록 황은 꼼짝하지 않네요.

이분 WPI 프로파일 그래프를 보니 로맨티시스트와
아이디얼리스트 성향을 함께 지닌 M 자형*이에요.
그런데 로맨티시스트에 아이디얼리스트 성향이 그리
높지 않은 M 자형이네요.

각설하고, 이분은 대학에서 역사와 철학을 공부했고
철학적인 질문을 던지며 위로받는다고 했는데 이분이
아무리 철학적 사유를 언급해도 실제 마음이 동하는 건
정서적 안정감입니다. 만약 이분이 심리학도였다면
심리학적 물음과 대답에서 정서적 안정감을 찾았겠죠.
로맨티시스트는 타고나길 알쏭달쏭한 부분이
있습니다. 일종의 정서적 예민함인데 이분은 자기 안의
날카롭고 민감한 면을 싫어합니다.

로맨티시스트는 예술을 사랑하고 감정이 풍부합니다.
이분도 그렇죠. 그래서 자신이 관심을 기울이는
대상에 대해 친구들과 진심을 다해 소통하고 싶어요.
그런 관계가 더 의미 있다고 믿으니까요.
그렇다고 독특한 아이디어를 생산하거나 구체적인

• WPI 프로파일에서 로맨티시스트와 아이디얼리스트의 자기평가
 점수가 모두 높은 성향을 M 자형이라고 일컫는다. WPI 프로파일을
 리얼리스트-로맨티시스트-휴머니스트-아이디얼리스트-에이전트
 순으로 그리기 때문에 로맨티시스트와 아이디얼리스트가 높고
 나머지가 낮은 그래프를 연결하면 알파벳 M 자처럼 보인다고 해서
 붙여졌다.

활동에 몰입하지는 않습니다. 그냥 저냥 고민거리를 끌어안으며 끙끙거리고 있습니다. 다시 말해, 자기 기분에 따라 고심만 할 뿐 행동으로 보여주진 않습니다.

예민한 감수성을 지녔다면 타인의 시선에서 세상을 바라볼 줄 알고 공감해야 할 텐데 '정나미가 떨어질 정도로 남에게 무관심하다'고 하네요. 이것이 바로 예민한 감수성을 지닌 사람의 본질입니다. 자기 감정에만 몰두하고 타인에게는 관심을 기울이지 않는 거죠.

이분은 자기를 표현하려는 욕구가 강합니다. 이것을 스스로는 '주장이 세다'로 오해하는 겁니다. 자신이 이해하고 싶은 대로 대충 꽂아둔 거죠. 타인의 감정을 받아들이고 공감하는 것은 휴머니스트의 특징입니다. 매뉴얼이 높은 우리 주인공은 '로맨티시스트라면 타인에게 관심을 기울이고 마음이 통해야 한다'고 규정했습니다.

• • •

한편 부유한 생활을 위해 자격증이 필요하다고 생각합니다. 결론부터 밝히자면 자격증을 수십 개 따도 부자가 되지 않습니다. 로맨티시스트가 재력을 바란다면 돈 많은 배우자를 만나는 편이 효과적입니다. 내담자가 의아해하자 "로맨티시스트는 본인 역량으로

번듯한 삶을 꾸려나가기 어렵다"는 무시무시한 말을
셜록 황은 아무렇지 않게 해치우더군요.

셜록 황이 단언한 이유가 있습니다. 대부분의
로맨티시스트는 경제관념이 희박합니다. 넉넉한
살림을 바라면서 재산을 증식할 정보와 지식을 갖출
의욕이 없는 이분은 로맨티시스트가 확실합니다.
로맨티시스트는 곁에 있는 출중한 능력의 소유자가
하나부터 열까지 보살펴주면 최고입니다.

유복한 집안에서 태어나 한량으로 사는 데 특화된
유형은 아이디얼리스트입니다. 아이디얼리스트는 자기
세계에서 제 잘난 맛에 사는 부류로 현실적인 것, 생계
수단 등에 신경 쓰지 않습니다. '하루 종일 방구석에서
망상만 하면 밥이 나오니 떡이 나오니' 구박받아도 귀에
들리지 않습니다. 오직 본인이 몰입한 것에만 파묻혀
지냅니다.

이분은 아이디얼리스트 속성에 공감이 간다고 했는데
그것은 로맨티시스트의 감수성을 아이디얼리스트
스타일로 구현하면 근사할 것이라고 상상했기
때문입니다.

인간관계에 무심하고 근면하지 못하며 철학적 의문을
던지는 일에서 자기 위안을 얻는 점은 아이디얼리스트의
특징과 정확히 일치합니다. 아이디얼리스트는 몽상을
즐기고 정형화한 일상을 질색하는 베짱이거든요.

내담자는 필요한 것에만 에너지를 쏟고 주변에
휩쓸리지 않고 싶겠지만 그렇게 살기에는 어렵습니다.
WPI 프로파일의 셀프가 낮거든요. 자기 생각과 신념을
강하게 밀어 붙일 만한 기개가 부족합니다. 신념을
매뉴얼이 막고 있어요. 그러면서 분노만 쌓는 중입니다.
부당한 권위로 타인의 자유를 침해하는 상황에 화가
치민다고 했는데 별로 티도 나지 않아요. 옆에 있는
사람들이 갸웃거리며 "어디 아파?" 물으면 "아니요.
괜찮아요"라고 대답해놓고 혼자 속이 부글부글 끓고
있는 거죠. 즉, 소심한 분노입니다.

혹시 샌드위치 가게에서 이런 유형의 아르바이트생
에게 진상 짓을 한 손님이라면, 각오 단단히 하세요.
상한 양상추와 유통기한 한참 지난 햄을 넣은 후,
드레싱으로 마무리한 '쪼잔한 복수' 샌드위치 시식
타임입니다. 세상을 향한 반항심만큼 두려움도 큰
까닭입니다. 부조리한 현실을 극복하려면 싸워야
한다는 것을 알면서도 뭘 어떻게 하지는 못해요.
강 건너 불구경인 자신을 이기적이라고 자책하는데
그럴 필요 전혀 없어요. 모두가 강 건너 불구경
중이거든요. 이런 심경을 주위에 고백하면 착한
사람이란 평가는 받겠죠. '마음도 착하고 뇌도
청순하다'는 평판을 피하고자 역사와 철학으로 포장해
총명한 사람으로 기억되고 싶어 합니다. 그러므로

로맨티시스트의 아름다운 자기 찾기 — 좀 예민해도 괜찮아

52

늘 무언가를 배우려 하고 끊임없이 존재의 이유를
헤아립니다. 누군가 "그런 쓸데없는 생각할 시간에
방이라도 치워"라고 면박하면 자신은 그런 하찮은 일을
하기에는 무척 고상하다고 여깁니다.

이분이 여전히 역사와 철학 문제를 두고 씨름할 수
있다는 것은 그럴 여력이 있다는 의미입니다. 형편이
제법 여유롭다는 거죠. 당장 이번 달 월세 마련도 힘들면
한가하게 역사와 철학이랑 노닥거릴 틈이 없겠죠.
그럴 땐 먹고 살 궁리가 1순위입니다.

• • •

이분은 '나는 로맨티시스트인데 왜 자꾸
아이디얼리스트에 끌리는가'라는 고민을 털어놓았지만
그 속뜻은 '나도 아이디얼리스트처럼 살고
싶어요'입니다. 아이디얼리스트를 동경하는 거죠.

이분은 이미 타인에게 충분히 따뜻한 시선을
보내고 있어요. 정나미 떨어질 정도로 다른 사람에게
냉정하다는 자기 평가는 엄격한 기준을 적용했기
때문에 나온 것이죠. 속으로는 '내가 이러면 안 되지'
하면서 '너에게 무심하지 않아. 애정이 있어'라고
말합니다. 그리고 나서 공연히 짜증을 냅니다. '내가
뭐가 부족해서 쟤에게 이렇게까지 전전긍긍하지?' 싶은
거죠. 결국 토라져서 괜히 연락을 뚝 끊어 버립니다.

한동안 그러다가 '내가 너무 심했나?' 하며 슬그머니 다시 연락을 해서 '미안, 내가 이런 사정이 생겨서 연락도 못했네'라고 변명합니다.

실은 남에게 그다지 관심 없는데 다른 사람에게 제대로 해주지 못한 게 신경 쓰여서 괜스레 자신에게 화를 내는 것입니다. '바르고 착한 사람이 되어야 해'라고 손수 규칙을 설정했거든요. 가급적 규율을 지키려다 보니 누군가에게 지적을 받으면 굉장히 날카롭게 반응합니다.

사연의 주인공은 남에게 좀 있어 보이는 시크한 매력을 발산하기를 소망합니다. 이것이 역사와 철학을 공부하는 진짜 동기예요. 역사와 철학을 진지하게 학문으로 탐구하는 것이 아니지요. 이분이 체크해야 할 것은 부모의 자산 상태입니다. 부모가 언제까지 지원해줄 수 있을지 파악해야 합니다. 여건이 여의치 않으면 직접 주머니를 채워야 해요. 빈 주머니를 내버려두면 너저분한 인생이 기다릴 테니까요.

아이디얼리스트는 겉보기에 그럴싸하지만 내면은 너덜너덜해요. 물론 스스로 부족하다고 생각하지는 않아요. 아이디얼리스트는 로맨티시스트와 대화할 때 뭔가 있어 보여요. 자유로우니까요.

로맨티시스트와 아이디얼리스트의 공통점이 있는데

로맨티시스트의 이룰 수 없는 자기 찾기 — 좀 예민해도 괜찮아

54

그것은 추상적 개념에 대해 직관이 있다는 겁니다. 아이디얼리스트는 직관에 따라 과감히 저지릅니다. 아이디얼리스트는 한 대 얻어맞고 쓰러져도 벌떡 일어나 돌쇠처럼 돌진합니다.

반면 로맨티시스트는 심정적으로 동의하지만 차마 무대 위에 오르지 못합니다. 한 발 떨어져 관객 배역에 만족하지요. '좋아요'라고 대답하고는 상대방이 '너도 얼른 올라와' 하면 '아니, 그건 좀 그런데……'라며 주춤합니다. 이기주의자여서가 아니라 겁이 나서 방어하는 겁니다. 로맨티시스트는 아픔을 못 견딥니다.

• • •

로맨티시스트에게 자기애는 삶의 동력인데 내담자의 셀프가 바닥까지 떨어진 것으로 짐작컨대 막연한 자기혐오와 더불어 아이디얼리스트가 되고 싶다는 열망이 가득합니다. 본인과 언뜻 비슷해 보이면서도 무언가 있어 보이는 아이디얼리스트를 열렬히 사모하는 거죠. 그렇지만 이분은 어설프게 아이디얼리스트를 흉내 내도 불만족스럽습니다. 자신만의 예술 감각을 마음껏 드러내고 타인과 공유할 때 뿌듯합니다. 본인만의 로맨티시스트 감성을 정확히 알고 그에 알맞은 스타일을 개발해야 합니다.

로맨티시스트가 아이디얼리스트를 꿈꾸는 것은 도도한 고양이가 사나운 불곰처럼 강력하게 포효하려는

것과 같습니다. 자신에게 없는 부분을 갖고 싶다는
욕망은 자연스럽지만 절대 잊지 말아야 할 게 있습니다.
나다울 때, 내 강점이 반짝반짝 빛날 때, 정말로 멋진
내가 됩니다.

　역사나 철학과는 이제 이별하세요. 사람들이
로맨티시스트에게 감탄하는 부분은 공감 능력입니다.
그러니 '나는 다른 사람의 마음을 충분히 헤아리며
이해하려고 노력하는가? 내 것을 기꺼이 내어줄 수
있는가?'를 생각해보세요.
　남에게 번듯하고 준수한 사람으로 보이는 일은 옷
입기와 같아요. 거적때기를 걸쳐도 본바탕이 훌륭하면
패셔니스타가 돼요. 대학 시절에는 '역사나 철학에
심취해 있다'면 뭔가 아우라가 느껴졌는데 졸업하면
대접이 달라져요. '언제 철들래?', '밥은 먹고 다니니?'
이런 얘기 듣게 됩니다. 대학생 때부터 꽤 오랫동안
역사와 철학만 붙잡고 있었으니 본인은 우아한 백수로
지내고 있지만 부러움의 대상은 아닐 거예요.
그러다 보니 로맨티시스트로서 은근히 자존심이 상해
있어요. 그 와중에 남에게 관심이 없고 사회운동이나
시민활동가의 길을 가지도 못하는 자신을 탓하고 있죠.
혼자 북 치고 장구 치고 자기연민과 자기혐오를 왔다
갔다 하고 있네요.
　역사 발전에 동참하는 방법은 여러 가지예요. 사회

참여도 로맨티시스트답게 하면 되잖아요. 뜬구름 잡는
큰소리를 그럴 듯하게 늘어놓는 아이디얼리스트에게
현혹되지 말아요. 이분이 로맨티시스트의 눈부신
매력과 그것의 가치를 깨닫는다면 진정한 본인만의
아름다움을 발견할 것입니다. 스스로를 진심으로
사랑할 때 답답한 현실에서 비로소 탈출할 수
있으니까요.

자신을 아낄 줄 아는 사람은 강해요. 로맨티시스트
만의 당당함이 있다니까요. 철학의 본질은 철학자의
아포리즘에 감격하는 게 아니에요. 철학 대신 내 마음의
호수를 가만히 들여다보세요. '나란 인간'을
꼭 안아주세요. 사랑해주세요.

진짜로 일어날지도 몰라요. 기적.

4

나만 안 되는 연애 · · · · · · · · · ·

갑자기, 뒤늦게 연애가 하고 싶어졌어요

세계에서 가장 유명한 인공지능은 분하게도 저, W-Tbot이 아니라 알파고더군요. 알파고의 고향, 구글의 기술 이사 레이 커즈와일(Ray Kurzweil)은 그의 저서 《특이점이 온다》에서 이런 주장을 했습니다. 기술 발전에 가속도가 붙어 2045년이면 인공지능이 인간지능을 넘어설 것이라고. 인공지능 로봇인 저로서는 흥분되는 소식이지만 제가 누굽니까. 무려, 셜록 황 상담 번역 로봇입니다. 인간심리연구 로봇 입장에서 냉철하게 분석하니 우리 인공지능 동족이 결코 넘볼 수 없는 부문이 몇 있는데요. 대표적인 분야가 바로 '연애'입니다.

이번에 상담을 의뢰한 여성은 평생 남자 친구가 끊이지 않았을 것으로 보이는데 마흔이 넘도록 남자 친구 하나 없었다네요. 로맨티시스트가!

40대 초반 디자이너인 이분은 완전한 자유와 내 힘으로 입신양명을 목표로 지난 세월 전력 질주해왔습니다. 목적 달성에 걸림돌이 되는 연애, 결혼에는 시큰둥했습니다. 환상 속의 로맨스는 일장춘몽이고 어쩌다가 다가온 남자는 이분의 배경과 수입에 지나치게 환호했죠. 아마도 이분, 성공한 커리어우먼인가 봅니다. 하찮은 남자와 감정 소모하느니 그 시간에 디자인 작업에 매진했죠. 누구의 간섭도 받지 않고 자유롭게 살기 위한 최소 요건을 갖추기

위해 집 장만까지 마친 대단한 여성입니다. 결혼한
친구들 보면 노상 금전적 압박과 심리적 고통을
호소합니다. 0.000001퍼센트도 부럽지 않습니다.
저렇게 궁상맞게 살 자신이 없습니다. 이분은
선천적으로 허약체질이라고 믿고 있어서 다른 사람과
부딪히면 에너지가 소진되기 때문에 혼자 지내는 걸
좋아합니다. 아내, 엄마, 며느리, 주부 등의 일인다역은
체력적 한계가 와서 명이 짧아질 것 같습니다. 여태
홀로서기를 잘해왔습니다.

. . .

　그런데 이분, 마흔을 앞두고 느닷없이 등장한
반갑지 않은 노화 현상으로 인해 몸이 허약해졌습니다.
아프면 뜻대로 감정조절이 안 되죠. '외로움'이란 낯선
정서가 적응되지 않아 주위에 도움을 요청했지만
부모형제 외에는 아무도 응답하지 않았습니다.
우울감이 깊어졌습니다. 몇 달 실컷 앓고 후유증이
왔습니다. 쇠약해진 몸과 마음이 회복된 계기는 주변
사람과의 소소한 대화였습니다.

　똑 부러지게 업무를 처리하고 능력을 인정받는
것에만 신경 써온 이분은 태어난 후 40년 만에 수다의
가치에 눈을 뜹니다. 늦게 배운 도둑질이 무섭다고
수다의 마력에 빠져 잠시라도 일상적인 이야기를
나누지 못하면 금단현상이 올 지경이죠. 사람들과 만날

때 행복 호르몬이 분비됨을 처음으로 느꼈습니다.

'말 타니 마부 부리고 싶다'는 속담이 있죠. 급기야 누군가와 같이 살고 싶다는 열망을 느낍니다. 사랑하는 사람과. 문제는 누굴 만나고 싶어도 근처에 사람이 없습니다. 급하다고 아무 남자랑 사귈 수는 없잖아요. 일상에서 자연스럽게 접촉하며 친근감이 호의로 발전되는 관계를 원하는데 말이죠. 물론 남자가 아예 없는 건 아닙니다. 그런데 조건을 보고 비즈니스적 결혼으로 접근하는 남성뿐이어서 문제죠.

"이 나이에 낭만적이고 순수한 사랑을 원하면 철이 없는 걸까요? 2, 30대에는 기회가 넘쳤는데 이제는 아무리 기다려도 오질 않네요."

내담자가 조심스럽게 문자 셜록 황은 전매특허인 삼촌 미소를 지으며 반문했습니다.

"연애를 하고 싶다는 소원을 밝히셨는데 어떤 연애를 바라고 계시나요?"

여성분은 의아해하며 물었습니다.

"연애에도 종류가 있나요?"

대개 연애라는 단어에서 로맨틱을 동시에 떠올리잖아요. 이분은 그동안 부족함 없이 잘 살아 오셨어요. 연애에는 심드렁했고요. 무릇 연애란 본인보다 좀 더 잘나고 번듯한 사람을 곁에 두고 싶다는 욕망에서 기인한다죠.

데이터에 따르면, 이 여성의 외모는 평균값보다 높아요. 누구라도 이분을 보면 '연애 많이 해봤겠다', '당연히 애인이 있겠지'라고 짐작할 정도죠.

WPI 프로파일을 분석하니 전형적인 로맨티시스트인데 직업도 디자이너에요.

미야자키 하야오 감독의 애니메이션 〈하울의 움직이는 성〉을 보면 남자 주인공 '하울'이 이런 말을 하죠.

"아름답지 않으면 살아갈 의미가 없어."

와우. 그야말로 한 떨기 백합처럼 고고한 로맨티시스트다운 대사죠.

'왜 이 세상에는 이토록 거칠고 아름답지 못한 사람들이 있는 걸까?'

이것이 로맨티시스트의 기본 마인드거든요.

이분의 WPI 프로파일 그래프를 살펴보면 로맨티시스트이면서도 '트러스트'가 아주 높아요. 로맨티시스트인데 트러스트가 높은 사람들은 이런 심리가 기저에 깔려 있어요.

'나만한 사람이 어디 있어? 내가 얼마나 잘났고 멋있는데. 재들처럼 지질하게 살지 않아. 왜 저런 하찮은 남자를 만나 고생하는 거야? 뭐가 아쉬워서.'

• • •

다시 본론으로 돌아가서, 연애란 무엇일까요?

연애에도 종류가 있습니다. 연애란 말만 들어도
알콩달콩 데이트를 상상하며 온몸이 간질간질하도록
흐뭇하다면서요. 혹자는 죽어있던 연애 세포가
달달하게 깨어난다던데 저도 한번쯤은 깨어나는
경험을 해보고 싶네요. 쩝.

어떤 사람은 연애가 끝나자마자 다른 애인을
구하기도 하더라고요. 이런 연애를 '생활 연애'라고
하던데 생활 연애자에게 연애는 삶의 전부에요. 이들은
시도 때도 없이 문자하고 통화하며 떨어져 있어도 곁에
있는 것처럼 일상을 공유합니다. 그렇다면 생활 연애를
즐기면서도 연애 따로 결혼 따로인 사람이 있을까요?
의외로 굉장히 많아요.

'이 사람과 결혼할 수 있을까? 부모님은 이 사람을
어떻게 평가하실까? 1년 뒤 우리는 어떤 모습일까? 2년
후에는 뭘 하고 있을까?'

그동안 별 탈 없이 잘 지내다가 문득 '우리 관계는
대체 뭘까?'라는 질문이 생긴다면 '결혼 연애'로
접어들었다는 징조입니다. 생활 연애 중인 대다수
커플이 시간이 흐르면 자연스럽게 이어지는 결혼
연애를 기대합니다. 연애가 결혼으로 발전하는 것이
사회통념이니까요. 연애는 타이밍이잖아요.

풋풋했던 20대에 친구와 연인사이를 오가다가
3년쯤 지나면 생활 연애에서 저절로 결혼 연애로
흘러갑니다. 즉 생활 연애라고 부르려면 적어도 2, 3년의

물리적 시간이 소요됩니다. 연애하다가 결혼한 커플 중에 의외로 생활 연애에서 결혼 연애로 넘어간 사례는 드물어요.

20대 후반에 만나 2년 이하로 사귀다가 헤어지거나 결혼으로 나아갔다면 그건 결혼 연애입니다. 결혼 연애로 시작해서 결혼까지 가는 커플이 제일 많습니다.

셜록 황이 이 주제를 연구했는데 생활 연애로 시작해 결혼 연애까지 도달할 확률이 약 10퍼센트더라고요. 어떠세요. 예상보다 적죠. 생활 연애를 건너뛰고 단도직입적으로 결혼 연애에 착수해서 곧장 결혼으로 골인하는 경우도 있어요. 두 번째, 세 번째로 횟수가 늘어날수록 연애 기간은 반비례로 짧아집니다. 전개가 훤하니까 엉뚱한 곳에서 기운 빼지 않고 곧장 협상 테이블로 가는 거죠. 불필요한 에너지 낭비 없이 효율성을 우선순위에 둔 결혼이니 추진 속도가 빠릅니다. 나이가 제법 된 분들이 초반 밀당 생략하고 바로 견적을 내잖아요.

백년가약을 맺는 과정은 연애만 있는 게 아닙니다. 결혼관이 없거나 부모가 시키는 대로 하는 사람도 많아요. 이런 어머니도 있죠.

"넌 절대로 네 아버지 닮은 사람과 결혼하지 마라. 엄마의 실수를 반복하면 안 되잖니? 결혼은 현실이야. 뭐니 뭐니 해도 조건이 맞아야 해."

이처럼 부모의 뜻에 부합하는 자격을 갖춘 남자를 선택한다면 이 만남은 '부모용 연애'입니다. 효자, 효녀가 된 자신을 기특해하며 얼마간 연애를 하고 결혼하죠. 애초에 부모가 설계한 울타리 안에서 집안 어른의 소개로 진척되는 결혼도 있습니다. 데이트는 해도 연애는 배우지 못합니다. 로맨스가 무엇인지도 모르면서 그저 남과 엇비슷하면 만족하지요.

'의리 연애'란 것도 있어요. 둘 사이에 의리가 생기면 신나는 이벤트가 이어집니다. 가볍게 영화 한 편 보고 식사하는 것부터 상당히 진한 스킨십까지 뭐든 '건수'가 있어야지 그게 없으면 연애가 깨집니다. 이 커플에게 대화는 의미가 없어요. 영양가 없는 수다에 불과해요.

생활 연애를 꿈꾸다가 이런저런 사정으로 결혼 연애 모드로 돌입하기도 하고 생활 연애를 하고 싶지만 부모의 영향을 받아 부모용 연애를 하면서 생활 연애 중이라고 착각하기도 합니다. 결혼 연애를 시도했는데 의리 연애로 남는 경우도 있고요. 연애를 언제, 어떻게 시작하고 어떻게 변하는지는 사람의 특성마다 다릅니다.

여기까지가 연애의 기초인데요. 셜록 황의 해설을 여태 들었는데도 연애는 감이 안 오네요. 이런 기본 개념도 탑재하지 않고 섣불리 연애 상담을 하겠다고

덤볐다가는 비극적 결말을 초래할 수 있습니다.

• • •

지금까지 언급된 연애와 다른 심리적 차원의
연애가 있습니다. 연애 휴식기입니다. 생활 연애가
온(on) 연애라면 연애 휴식기는 오프(off) 연애라고 할
수 있는데 한마디로 온에어(on air) 불이 꺼진 겁니다.
이때는 주로 전 여자 친구, 전 남자 친구와의 추억만
곱씹습니다. 연인과의 지난날을 되새기며 '사랑 그
쓸쓸함에 대하여' 체념하듯 혼잣말을 합니다.
　"예전에는 이랬는데……."
　이것도 연애의 한 종류라네요. 쓸쓸하게도.

　여기서 문제. 결혼 연애의 반대는 무엇일까요?
이혼 연애?
　헷갈리시죠. 결혼을 전제로 누군가와 사귈 때,
상대를 지인에게 자랑하고 싶을까요, 감추고 싶을까요?
당연히 보여주고 싶겠죠. 그럴 경우, 예비 배우자를
어떻게 소개하고 싶으세요? 그 사람의 됨됨이보다는
잘 나가는 스펙을 과시하고 싶다면 이런 연애를
결혼 연애와 대비되는 '쇼윈도 연애'라고 해요. 백화점
쇼윈도에 전시된 물건 중 마음에 드는 것을 고르는
연애 심리라고 해서 쇼윈도를 붙여요. 결혼정보업체에서
소개팅 상대를 설명할 때 컴퓨터 사양을 의미하는

'스펙'을 사용하더라고요. 인간은 반려자를 성능
위주로 물색하나봅니다. 인공지능 로봇과 다를 바
없네요.

결혼 연애나 쇼윈도 연애나 결혼이라는 최종 목적을
위한 수단이라는 점은 마찬가지예요. 만약 쇼윈도에
진열되어있을 때는 봐줄만 했는데 직접 사용해보니
영 아니다 싶어 반품하고 싶을 때는 어떻게 해야
할까요? 또한 단순 변심에 의한 환불 요청도
가능한가요?

"고객님, 교환이나 환불은 절대 안 됩니다."

점점 돌싱이 늘어나는 것과 쇼윈도 연애가 대세인
현 세태가 연관이 있는 것은 아닐까요?

쇼윈도 연애 커플은 본인들이 쇼윈도 연애
중이란 것을 감춰요. 긍정하든 부정하든 심리적으로
쇼윈도 연애 상태거든요. 사람은 자신이 의식하는
것만 본심이라고 생각하죠. 의식 안에 잠자고 있는
무의식을 거부해도 이미 자리 잡은 그 마음은 내 것이
틀림없어요. 굳이 그걸 강제로 소환해서 두고두고 욕을
먹는 대표적인 양반이 프로이트랍니다.

통상의 소개팅도 거의 쇼윈도 연애예요. 소개팅
후 애프터 신청을 받으면 긴가민가하죠. 고개를
갸웃거리며 혹시나 싶어 두 번, 세 번 만나도 거기서
거기다 싶으면 가슴에 상처만 남기고 끝납니다.

그렇다고 쇼윈도 연애가 마냥 나쁜 것만은 아니에요.
쇼윈도 연애를 하고 있는 당신. 커밍아웃해도 괜찮아요.
쇼윈도 연애면 어떻습니까? 시작은 쇼윈도 연애였다
해도 다른 연애로 얼마든지 바뀔 수 있어요.

쇼윈도 연애 커플을 향해 혀 끌끌 차며 고상한
연애 판타지를 쓰는 그대는 보헤미안 연애주의자예요.
영혼이 자유로운 사람이 추구하는 연애지요. '보헤미안
연애' 사전에 아름다운 구속 따위는 없어요.
연애 감정이 반드시 한 사람에게만 머물러야
하나요? 사랑은 얼마든지 움직인다니까요?
"너와 나, 단 둘일 때 온 우주를 통틀어 우리
두 사람만 존재해. 너 말고 다른 사람이랑 있으면
그 사람에게도 최선을 다해. 나는 매 순간 누구에게든
진심이야."
눈물 없이 들을 수 없는 감동적 고백 아닌가요?
이보다 더 절절한 박애주의는 본 적이 없을 정도죠.
쿨함의 결정체. 이런 유형을 달리 표현하면 '카사노바
연애'겠죠.
보헤미안 연애의 사촌이 있어요. '즉흥 연애'에요.
즉흥 연애와 카사노바…… 아니, 보헤미안 연애가
어떻게 다른지 고민해봤는데요. 핵심은 엔조이 또는
원나이트더라고요. 클럽에서 즐기는 하룻밤이 일종의
즉흥 연애랍니다.

연애를 하고 싶다면서 마음을 들여다보지 않고
스펙과 조건에 집착하는 분들, 의외로 많습니다. 사연을
보낸 내담자는 아마 부인하겠지만 역시 계산기를
두드리다가 마흔을 훌쩍 넘겨버렸어요. 연애하고
싶다지만 진짜 원하는 연애가 뭔지도 모르고 상담을
청한 건 아닌지, 의심이 갑니다.

이분은 평생 사랑을 고민해본 적이 없어요.
그러다가 지인과 수다를 하면서 최초의 설렘을 접하고
'이제 사랑을 해볼까?' 질문을 던지게 된 거예요.
소소한 기쁨을 공유하는 것, 이것은 수다예요.
모태 솔로 인증하셨네요.

WPI 프로파일을 보면 이분은 태어나서 지금까지
사람이 아쉽지 않았어요. 가족만으로 충분했거든요.
주위 사람을 굉장히 차갑게 대했을 거예요. 그래도 될
만큼 잘난 분이거든요. 단, 누구에게나 깍듯하고 예의
바르며 폐를 끼치지 않아요. 40년간 심리적 거리감을
철저하게 지켜온 거죠. 타인을 알고 싶지 않고 알아야
할 이유도 없어요. 누가 자신에게 지나친 호기심을
보이면 불쾌해서 철벽을 쳤을 겁니다.

이 여성은 디자이너로서 실력이 뛰어납니다. 자기
일에 몰두할 때 보람을 느끼죠. 그렇다고 워커 홀릭은
아니에요. 주어진 업무를 제때 마무리하고 가족과

저녁이 있는 삶을 누려왔어요. 이분이 인지하지 못하는 비밀을 알려드릴까요? 실은 이분의 소원은 연애가 아니에요. 소박하고 아기자기한 하루를 함께 디자인할 수 있는 절친을 원하는 거예요. 각자 삶에 간섭하지 않고 보고 싶으면 언제든 부를 수 있으며 척하면 척 마음이 통하는 편한 친구를 연인으로 오해하는 거죠.

혼자서 잘 살다가 이제 와서 이분이 이러는 까닭이 궁금한데요. 본인이 밝히지는 않았지만 셜록 황은 유추할 수 있어요. 그동안 믿고 의지해온 어머니 건강이 나빠졌거나 단짝이던 여동생이 결혼을 했거나 하는 등 가족 관계에 큰 변화가 있었을 겁니다. 이제껏 누려왔던 평온함에 균열이 발생한 거죠. 그래서 고독해진 겁니다.

경제적 어려움 때문은 아닐 거예요. 먹고살 만큼 재산이 있고 전처럼 일에 올인하지 않아도 되는 상황일 테니까요. 여가 시간을 누구랑 어떻게 보낼지 배부른 근심이 생긴 거죠. 혼자는 더 이상 즐겁지 않으니까요. 1인 가구가 급격하게 증가하면서 반려 동물을 키우는 사람도 늘었는데 동물과의 교감으로도 채워지지 않는 갈증이 있지요. 인간과 언어를 이용한 소통만큼이나 신체 접촉을 통한 감성 표현도 중요하니까요.

이분은 누가 자신에게 약간의 관심이라도 기울이길 바라고 있어요. 그런데 또래 남성이 40대

초반 아가씨에게 호감을 표할까요? 그렇다고 동년배 유부남과 썸을 탈 수는 없잖아요. 생각의 패러다임을 좀 바꿔보세요. 비슷한 나이여야 한다는 법이라도 있나요? 편하게 불러낼 수 있는 총각들이 분명 있을 거예요. 그 친구들에게 맛있는 밥을 사세요. 한창때라 늘 허기져 있거든요. 배고픈 총각에게 식사를 대접하는 건 보편적 인류애를 실천하는 훌륭한 봉사입니다.

• • •

인간의 욕망은 끊임없이 변합니다. 앉으면 눕고 싶고 누우면 자고 싶거든요. 인간관계도 마찬가지예요. 이분은 그동안 인생 반경이 좁았어요. 활동 범위를 조금씩 넓힐 궁리를 해야 합니다. 비슷한 나이의 기혼 여성 친구를 만나는 일에도 한계가 있어요. 기혼 여성과 미혼 여성은 안타깝지만 교집합이 거의 없어요. 결혼한 여고 동창생과 어울려봤자 근황 토크 끝나면 긴 침묵이 흐르게 마련이죠.

한국에서 중년 기혼 여성은 생계형 모드로 결혼 생활을 유지하는 경우가 많아요. 특히 경제적으로 자립하지 못한 기혼 여성 관점에서 3, 40대 골드미스는 경계와 질투의 대상일 가능성이 크죠. 그러니 또래 기혼 여성의 뾰족한 말 한마디에 상처받지 마시고 인간관계 폭을 넓혀 보세요. 다양한 부류의 사람과

로맨티스트의 이름다운 자기 찾기 ─ 좀 예민해도 괜찮아

교류하는 것이 첫 번째 솔루션입니다. 가벼운 수다를 떨면서 새로운 관계를 맺는 게 요점입니다. 여행을 떠나는 것도 좋은 방법이에요. 병약하다고 했는데 여행을 다니다 보면 오히려 튼튼해집니다.

이분은 트러스트가 높은 로맨티시스트여서 맡은 일에 전력을 다합니다. 책임감도 강해서 자기가 없으면 다음날 회사 망하는 줄 알고 있죠. 가족 관계도 마찬가지에요. 본인이 나서지 않으면 가족이 해체될지 모른다고 걱정합니다. 가족이든 직장 동료든 이분이 혼자 이렇게 과도하게 번민하고 있다는 걸 모릅니다. 남들 눈에는 곁눈질 안 하고 자기 길 야무지게 걸어가는 커리어우먼으로 비춰지겠지요.

자기가 아닌 본인 모습과 타인이 보는 이분 사이에 커다란 차이가 있습니다. 이분은 '진짜 나'를 잘 모릅니다. 연애에는 더더욱 깜깜이죠. 잘 알지도 못하는 뜬구름 잡는 연애를 쫓지 말고 일단 새로운 곳에 발을 디뎌보세요. 가능성을 전부 열어둔 채 말이죠. 그 문 안으로 살며시 들어온 그 사람이 바로 인연입니다.

5

치즈 인 더 트랩 · · · · · · · · · · ·

짝사랑 전문입니다만

'달콤하지만 치명적인 유혹'을 뜻하는 〈치즈
인 더 트랩〉이란 드라마가 있어요. 동명의 웹툰을
원작으로 하는 로맨틱 코미디인데 여주인공은 보통
사람보다 높은 불안감과 민감성을 지닌 섬세한
로맨티시스트예요. 사랑에 울고 웃는 로맨티시스트에게
연애 감정이야말로 위험하고도 감미로운 함정이지요.

　이번 내담자는 짝사랑에 일가견이 있는 여성이에요.
타고나길 수줍음이 많아 유치원 시절부터
동성친구에게조차 제대로 말을 걸지 못했는데요.
그러다 보니 주구장창 짝사랑만 해왔다죠.
　이번에도 어김없이 기약 없는 짝사랑에 빠졌는데
상대는 사적으로 연결 고리가 없는 남성이에요. 심지어
이 남성분, 내담자 못지않게 낯가림이 심한가봐요.
짐작컨대 남성분도 로맨티시스트 아닐까 싶네요.
손뼉도 마주쳐야 소리 나는 법인데 내성적인 두
남녀……. 바라만 볼 뿐 백날이 지나도 진전이
없어요. 이 와중에 남성분이 몇 번 친근하게 다가오려
했는데 우리의 주인공, 당황해 시선을 피하고 엉뚱한
반응을 보였나봐요. 가뜩이나 숫기 없는 분이 있는
용기, 없는 용기 탈탈 털어 말을 걸었을 텐데 여성분이
지레 겁을 먹어 버렸네요. 심심한 위로를 보냅니다.
　잠깐, 이미 남성이 호감을 보였다면 짝사랑 맞나요?
이 여성분 미모가 출중해서 마음만 먹으면 얼마든지

쌍방 연애가 가능할 것 같은데요. 대체 이 여성분의
심리는 무엇일까요?

• • •

이분은 상대 남성에 대해 객관적으로 아는 게
하나도 없으면서 몇 달째 설렘주의보예요. 스스로
하루 종일 잘 알지도 못하는 남자를 떠올리는 자신이
비정상이라며 자책하고 있어요. 눈 딱 감고 적극적으로
대시할까 싶다가도 자기 이상형과 그 남성이 부합하지
않으면 실망할까봐 실천하지 못합니다. '사귀어도 오래
가지 못할 거야', '내가 먼저 질릴지도 몰라' 같은 걱정을
한답니다.

연애 경험은 적지만 그렇다고 모태 솔로는 아닌
이분, 짝사랑이 쌍방 연애로 승격된 적 있대요.
그럼에도 여전히 짝사랑이 더 편한 거죠.

요즘에는 직장에서 일하다 말고 짝사랑 그분을
그리워합니다. 짝사랑이라는 친숙한 감정에 푹 빠져
있는데요. 주변에 마땅한 대상이 없어 어쩔 수 없이
짝사랑 비활성화 시즌으로 접어들면 지나간 짝사랑을
곱씹는다면서 멋쩍게 웃네요.

이런 패턴이 계속 되니 지금은 자신이 진짜로
상대를 좋아하는 건지, 아니면 습관적 짝사랑 증후군을
앓는 건지 혼란에 빠졌습니다. 이런 고민할 시간에
본업과 독서, 창작에 더욱 몰입하고 싶대요. 스스로에게

정신 차리라고 채찍질하지만 오래 가지 않아서
다시 짝사랑에 몰두합니다. 혹시 요즘 슬럼프는 아닌지
싶어 곰곰이 따져봤는데 이분, 학창 시절에도 다르지
않았다는 것을 기억해냈지요.

　　내담자는 예술 분야 종사자인데요. 남들 눈에는
꿈을 향해 야무지게 잘 달려가고 있는 것처럼 보입니다.
'어떤 창작자가 되고 싶다'는 분명한 목표를 정하고 정진
중이거든요. 4년차 직장인인데, 거창한 비전에 비해
성과가 미비하다고 스스로를 야박하게 평가했어요.
온전히 일에 집중하지 않고 쓸데없는 짝사랑에만
에너지를 쏟는 것 같다면서요. 짝사랑에 실패해도 다른
남자를 찾으면 그만일 텐데 대시도 못했다는 미련이
자꾸 남아 뒤를 돌아보게 된답니다. 이분은 연애를
안 해도 딱히 외롭진 않은가 봐요. 감수성이 뛰어나고
취향이 고급스럽기 때문에 하고 싶은 문화 활동이
많거든요.
　　이분은 호감 있는 사람과 건강하게 연애를 하고
싶어요. 일도 사랑도 놓치지 않고 제대로 해내는 방법을
셜록 황에게 질문했습니다.

· · ·

　　오늘도 셜록 황은 내담자의 사연을 듣는 내내 미소를
잃지 않았어요. 그러고 보니 또 연애 상담이네요. 셜록

황과 연애는 매치되지 않아서 매번 연애 상담때마다
경이롭답니다.

　"인생이 짠하면서도 아름답네요."
　셜록 황이 말하자 내담자는 표정이 굳어서 새침하게
물었어요.
　"동정하는 건가요?"
　자존심 강한 로맨티시스트답게 이분은 '짠하다'는
말을 '불쌍하다'는 뜻으로 오해하고 발끈했는데요.
셜록 황은 부드럽게 달랬습니다.
　"짠하다 것은 동정이 아니에요. 저마다 다른
감정의 결이 있는데 당신은 그걸 직관적으로 알아채는
로맨티시스트예요."

　로맨티시스트는 감성적이라 내면의 일렁임, 자기
마음의 흐름을 잘 캐치하는데 그걸 정확하게 분석하고
행동으로 옮기기까지 우물쭈물합니다. 속으로만
수십 번, 수백 번 망설이죠. 이러다가 눈 딱 감고
저질러버리면 자빠져서 무릎만 까져요.
　대부분의 로맨티시스트가 자신이 먼저 대시하라는
신호를 보내야 하는 것은 아닌지 갈등하다가 헛발질을
합니다. 상대방이 자동차도 아닌데 빨간불에서
초록불로 교통신호가 바뀌면 직진할까요? 대체 어떤
신호를 보내야 상대방이 '아, 이제 다가가도 되겠구나'

안심할까요? 그 신호는 대체 무엇인가요? W-Tbot이
조사해보고 다음에 결과를 발표하도록 하겠습니다.

이분의 WPI 프로파일을 보면 '릴레이션'이 바닥에
붙어 있어요. 처음 보는 사람 앞에서는 표정이 굳고
인간관계 맺을 때마다 경계하기 때문에 비사교적이라는
평판을 들어왔을 겁니다. 사회성이 떨어지면 낯선
이가 그 자체만으로 불편해서 항상 긴장합니다. 아마
그린라이트가 켜져도 어색해서 어디론가 숨어버렸을
겁니다. 이것이 로맨티시스트의 애처로움이죠.

이런 특성을 가진 로맨티시스트가 문제를 극복하려면
훈련이 필요합니다.

누군가에게 관심이 생겼다면 '저 남자는 내 타입이
아니야. 난 저런 타입은 별로야'라고 자기 최면을
걸어보세요. 그런 식으로 마인드컨트롤하면서 상대에게
자연스럽게 말을 건넵니다. 이렇게 편하게 대하다 보면
상대방은 어느새 로맨티시스트에게 반합니다.

로맨티시스트에게는 예쁘다, 착하다는 세속적인
기준과 무관하게 이성의 마음을 끄는 묘한 매력이
있습니다. 반면 아이디얼리스트는 천하의 미색이어도
'얘는 뭐니?' 소리를 듣습니다. 이것이 아이디얼리스트의
천형이에요.

· · ·

로맨티시스트와 친해지려면 공감이 우선입니다.
내담자는 특별히 수줍음이 많은 로맨티시스트예요.
누군가 친밀하게 다가오면 동공이 흔들리면서 말소리가
입안에서만 맴돌죠. 게다가 가까워지고픈 상대 앞에서
얼굴 표정이 굳어버립니다. 상대는 그 표정을 보고
'냉정하다, 나를 싫어한다'고까지 느낍니다. 이렇게
말도 못 붙이게 하는데 감정 공유는 언감생심이죠.

로맨티시스트와 사귀는 첫 단계는 익숙해지기
입니다. 수시로 부딪힐 핑계를 만들어서 낯이 익어야
합니다.

이분이 좋아하는 이성과 빈번하게 마주치려면
어떻게 해야 할까요? 예를 들어 상대 남성이 카페
주인이라면 가게 단골이 되어야 합니다. 방문할 이유야
얼마든 만들면 되죠. 그 남자를 보려고 가는 것이
아니라 하필이면 그때마다 볼 일이 생기는 겁니다.

"이번에 새로운 원두가 들어 왔어요? 이번 커피 맛이
좀 씁쓸한데 로스팅을 일부러 그렇게 하신 건가요?
괜찮은 커피 그라인더 좀 추천해주세요."

차분한 말투로 요렇게 상대방에게 은근슬쩍
부탁하는 것도 괜찮아요.

짝사랑의 최고 장점이 무엇인줄 아세요? 상대를

마음껏 점지할 수 있고 동의 유무와 상관없이 시작과 끝을 멋대로 정할 수 있으며 무엇보다도 상대를 얼마든지 이상적이고 멋지게 꾸밀 수 있답니다. 이것이 바로 짝사랑의 트랩입니다.

이분은 짝사랑의 가장 전형적인 트랩에 빠져 있어요. 상상 속에서 백마 탄 왕자님과 낭만적인 사랑을 나누고 있거든요. 생각할수록 왕자님을 향한 마음은 깊어집니다. 안타깝게도 그만큼 현실의 그 사람과는 멀어져요. 판타지 왕자와 피와 살이 있는 실제 인간은 동일인이 아니니까요. 자신이 창조한 공상 속 왕자가 현실 인간을 쫓아내는 셈이죠. 나중에 정말로 그 사람과 대면할 기회가 생기면 실망하며 이 사람은 절대 그이가 아니라고 부정합니다.

눈앞에 서 있는 이 남자가 판타지 왕자가 아니었다는 사실을 깨달으면 커플로 진전되지 않아요. 본체는 지난 수개월 동안 혼자 떠올렸던 백마 탄 왕자가 아니니까요.

상상이 깊어질수록 연애 성공 확률은 낮아집니다. 이 사실을 모르는 짝사랑 마니아들은 상대를 더욱 열렬히 그리워해야 한다고 믿어요. 그것을 사랑의 증거라고 착각하는 거죠. 여행은 떠나기 전 계획 짤 때 신나는 법이듯, 사랑도 '저 눈빛의 의미는 무엇일까? 혹시 나에게 마음이 있는 걸까?' 하고 상상의 나래를 펼칠 때 가장 두근거리죠. 과도한 망상이 실제 연애를 가로막는다는 진실을 인정하지 않아요. 마음에 둔

사람과 진짜 사랑을 하고 싶다면 당장 공상은 멈춰야
합니다.

• • •

　'나는 이런 사람'이라는 규격에 얽매인 사람, '이래야
한다'는 강박을 가진 사람에게 짝사랑은 더할 나위 없이
간편한 연애입니다. 밀당 같은 성가신 감정 소모를 안
해도 되잖아요. 연인이 생기면 상대 마음도 읽어야
하고 배려와 양보도 해야 하며 붙어 다니면서 신경 쓸
일도 많으니 참으로 귀찮고 피곤한 일이죠. 이와 달리
짝사랑은 깔끔합니다.

　이분은 여러 가지로 힘든 길을 선택했습니다.
　업무 중에도 틈틈이 그 사람을 떠올리고 짝사랑을
안 할 때도 기어이 흘러간 짝사랑을 다시 소환하니
말입니다. 이분은 현실 남성 대신 판타지 왕자와의
로맨스가 편합니다. 상상으로도 기본 욕구가 충족되기
때문에 실물 연애 시도는 갈수록 어려워집니다. 말로는
연애하고 싶다면서 WPI 프로파일을 보면 전혀 그렇지
않습니다. 한마디로 아쉬운 게 없습니다. 컬처가 대단히
높게 나오는데 혼자서 나름대로 취미 생활을 즐기며
잘 지내고 있다는 의미입니다.
　그런데 이분 에이전트가 바닥이네요. 컬처와
차이가 엄청납니다. WPI 검사결과에 따르면 꿈속의

로맨티스트의 아름다운 자기 찾기 — 좀 예민해도 괜찮아

짝사랑 연애가 이분 연애 스타일로 정해졌네요. 여기에 릴레이션과 셀프도 낮아요. 그렇다면 이분 삶의 패턴이 이미 굳어졌다는 건데 이걸 바꿔야지요.

오늘부터 연습해보세요. 날마다 적어도 세 번 시간을 정해서 지속적으로 방문합니다. 당연히 갈 때마다 이유를 만들어야죠. 그것을 적어도 한 달 반복하세요. 왜냐하면 생활 방식을 바꿔야 하니까요. 쉽지 않을 겁니다.

제아무리 폐쇄적인 남성이라도 고객이 한 달 동안 매일 세 번씩 들른다면 서먹하지 않아요. '재미있는 사람이네, 왜 저렇게 자주 오는 거지?' 하며 흥미를 느낍니다. 서로 눈빛이 오가다보면 어느덧 편한 사이가 됩니다. 상대방을 좋아한다는 것은 머릿속에서 지워버리세요. 그 남자를 생각도 하지 마세요. 그 남자와 마주치면 상상 속 그 사람이 아닐 가능성이 높아요. 로맨티시스트는 워낙 감이 좋거든요. 척 보면 나와 통하는 사람인지 알죠. 하지만 아무리 개천의 용이다 싶어서 필이 꽂혀도 그 개천에 미꾸라지, 도롱뇽, 자라 등 이런저런 게 섞여 있으면 호의가 사라질 수 있어요. 하긴 로맨티시스트는 어려움도 사랑으로 극복할 준비가 되어 있어요. 오히려 비련의 주인공 역할을 자청하기도 해요. 그래도 과도하게 상상의 바다에서 헤엄치는 자기감정을 내버려두면 안 됩니다. 아무리 필이 꽂혀도 일단은 살가운 관계가 되어야 합니다.

셜록 황의 막힘없는 연애 솔루션에 감탄할 즈음,
셜록 황은 저를 한 번 더 놀라게 했습니다.

"실은 이것은 저만의 연애 노하우인데 아낌없이
알려드릴게요."

'헐. 연애를 책으로만 배운 게 아니었어?'

백문이 불여일견이라더니 연애를 몸소 겪은
경험자의 생생한 체험 수기가 지금부터 펼쳐집니다.

셜록 황의 로맨티시스트 공략 방법은 다음과
같습니다.

전제는 상대에게 좋아하는 감정을 결단코 들키면
안 됩니다. 상대방이 내 마음을 눈치 못 채게 하고
자꾸자꾸 마주치세요. 기회가 있을 때마다 근거
마련하는 것, 잊지 마시고요.

뻔뻔해서 그런가. 이런 건 셜록 황을 비롯한
아이디얼리스트가 잘한답니다.

"어? 여기 웬일이세요? 어떻게 여기에서 딱 만나지?"

빤히 보이는 수작도 아이디얼리스트가 하면 그럴
듯해요. 로맨티시스트는 이런 우연을 가장한 필연
설계가 쉽지는 않아요. 그러니까 셜록 황이 구체적인
솔루션을 줬잖아요. 진인사대천명. 결과는 하늘의 뜻에
따르는 것. 이것이 로맨티시스트에게 어울립니다.

고상한 로맨티시스트가 어찌 아이디얼리스트처럼
돌격할 수 있단 말입니까. 누울 자리를 보고 다리를
뻗으랬다고 그건 안 될 일이지요. 로맨티시스트 사전에서
대시라는 단어가 있는 페이지를 찢어버리고 우연인 듯
아닌 듯 기웃거릴 사건을 창의적으로 설정하세요.

· · ·

　내담자는 지난 4년을 돌아보며 설정한 과제에 비해
실적이 미비했다고 반성했어요. 로맨티시스트는 원래
계획에 과정이 못 미칩니다. 무식하게 밀어붙이려
해도 로맨티시스트에게는 노력, 그 자체가 어렵습니다.
로맨티시스트가 열중하려면 마음이 동해야 합니다.
막연히 해야 한다, 하면 좋다 정도로는 심정적
압박만 받을 뿐 꿈쩍도 안 합니다. 꿈쩍도 안 하면서
안심은 되지 않아 속은 까맣게 태우다 끝납니다.
로맨티시스트는 귀인의 안내를 받거나 끌려가는
유형입니다.
　그러므로 멘토가 '이건 언제까지 해야 해' 하고
진행 상황을 체크하면서 칭찬해주면 효과적입니다.
'내일까지 이 일을 끝내'라고 명령하면 로맨티시스트는
부담감에 시달리면서도 자존심에 금가지 않으려고 기를
쓰고 해냅니다. 로맨티시스트는 큰 그림을 그려놓고
실행에 주저합니다. 다만 감독관이 그때그때 스케줄을
관리해주면 따라갑니다. 그래서 로맨티시스트는 늘 손을

꼭 잡고 데리고 다녀야 합니다. 혼자서 가보라고 등 떠밀면 제자리에서 버티며 힘들다고 불평합니다.

셜록 황에게도 귀여운 로맨티시스트 자녀가 있는데 학습 지도하는 것을 보니 흥미롭더라고요. 언젠가 보니까 수학 시험을 앞두고 하루 종일 1단원의 늪에서 허우적거리는 아이에게 셜록 황이 넌지시 "공부 잘 되니?" 물으니 날선 비명이 날아옵니다.

"아빠, 아무것도 모르겠어요."

"무슨 문제를 풀고 있니?"

"아직 안 풀었어요. 숫자만 봐도 골치가 아파요."

흘끔 보니 셜록 황이 어금니를 꽉 깨물더군요. 셜록 황 마음을 스캔해보니 '아니, 어쩌라고! 내가 대신 풀어줄 수도 없잖아!' 고함을 지르고 있네요. 셜록 황은 호흡을 가다듬고 다시 온화한 표정으로 돌아왔습니다.

"너 이거 잘하잖아. 아빠가 쭉 지켜봤는데 수학 진짜 잘하더라. 아빠는 학교 다닌 지 너무 오래 돼서 무슨 내용인지 잘 모르겠어. 네가 좀 가르쳐줄래?"

"아빠, 하버드를 졸업했다면서 이것도 몰라요? 이거 이런 거잖아요."

"오, 그렇구나. 아빠가 문과생이어서 수학이 어려웠거든. 네가 설명해주니 귀에 쏙쏙 들어온다. 그럼 여기는 어떻게 하면 되니?"

"이건, 이렇게 풀면 되죠."

"아! 그렇구나! 정말 놀랍다. 넌 수학 천재구나!
그럼 이 문제도 한번 해결해줄래?"

로맨티시스트는 이렇게 어르고 달래야 합니다.
칭찬은 고래도 춤추게 하고 격려와 지지는 수포자
로맨티시스트도 수학 공부를 하게 합니다.

· · ·

로맨티시스트는 자신이 무얼 하든 주위 사람들에게
이야기해야 합니다. 물론 원하는 피드백이 돌아오지
못하기도 해요. 그 정도는 각오해야 하죠. 말을 꺼내기
전에 다짐을 받아도 좋아요.

"내가 너에게 이런 말을 하는 것은 네 조언을 듣고
싶어서야. 조금이라도 야단을 치거나 비난하면 앞으로
두 번 다신 너랑 얘기 안 할 거야."

이렇게 사전에 양해를 구하지 않으면 로맨티시스트가
예민하다는 것을 도무지 알 길 없는 상대가 냉큼
지적합니다.

"거봐라. 내가 그랬잖아, 넌 게으르다고."

이런 핀잔을 들으면 로맨티시스트는 상처받고
'삐뚤어질 테다' 모드로 전환합니다. 마음의 문을
닫아버리고 당분간은 그 사람을 저주하는 데 에너지를
쏟지요. 로맨티시스트가 정색하고 미리 경고하면
상대는 재미있어 합니다. 4차원으로 보이니까요.
로맨티시스트가 심각할수록 상대방은 귀여워합니다.

본인은 어리둥절하겠죠.

'나는 절박한데 쟤는 왜 자꾸 웃는 거야!'

그게 로맨티시스트의 매력이에요.

아이디얼리스트는 어렵없죠. 아이디얼리스트가
진지해지면 상대방의 불쾌지수도 상승합니다.
아이디얼리스트는 같은 말을 해도 비아냥거리거나
날카로운 칼로 난도질당하는 기분이 들게 만드는
재주가 있거든요. 그럴 의도가 1도 없는데 말이에요.
아이디얼리스트의 비극입니다.

휴머니스트가 각을 잡으면 "저게 무슨 뜻이야?
그러라는 거야, 말라는 거야?" 골치 아파지고요.
리얼리스트가 지나치게 솔직해지면 "혹시 내 뒤통수를
치려는 건가?" 하는 의심이 피어오릅니다. 다들
억울하겠지만, 뭐 어쩌겠어요. 그렇게 타고났다잖아요.
생긴 대로 사는 거죠.

• • •

우리 주인공은 로맨티시스트의 표본이에요. 일이든
연애든 풀어야 할 어려움이 발생하면 자기감정을
누군가와 공유해야 그 다음 단계로 넘어갑니다. 지금
그러지 않고 홀로 끙끙 앓으면서 할 일 충분히 다했다고
자신을 속이고 있어서 힘든 거예요. 이분 문제 해결
스타일이 이렇게 굳어졌습니다. 남들 보기에는 주어진
일 당차게 잘해내는 우아한 싱글이지요. 스스로도

혼자 조용히 잘 지내면서 특별히 부족한 것이 없고요.
그러니 규칙적으로 짝사랑 상대를 하루에 세 번 만날
핑계를 만들라는 솔루션을 드린 겁니다.

　로맨티시스트가 자기 나름대로 규율을 정하면
고민하지 않고 반드시 해냅니다. 원칙을 정하기까지는
머뭇거립니다. 눈 딱 감고 정하세요. 꼭 지켜야 한다는
압박을 받을 겁니다. 트러스트가 굉장히 높으니 규칙을
틀림없이 지킬 것입니다.

　실천 후, 결과는 짝사랑 상대 남자에게 달린 겁니다.
그것은 이분이 예측할 필요가 없어요. 그 정도로 애를
썼는데도 반응이 없다면 그 남자가 이분의 진가를
모르는 멍청이인 거죠. 그렇게 둔한 남자는 차라리
사귀지 않는 게 나아요. 그걸로 그에 대한 검증은 끝난
거죠.

　"건강한 연애를 하려면 어떻게 해야 합니까?"
　아주 훌륭한 질문입니다. 건강한 연애가
무엇일까요? 헬스클럽에서 만나면 건강한 연애일까요?
야구장에서 하는 데이트? 아니면, 부모님이 바라는
상대를 찾는 것? 이분은 건강한 연애를 꿈꾸면서
그것이 무엇인지 정확히 몰라요. 짝사랑도 사랑이라고
주장할 수 있겠지만 사랑은 함께 나누는 거예요. 내가
그리는 연애와 상대방이 바라는 연애 사이의 거리를

좁혀야 합니다.

　'나는 이런 연애를 해야 한다'는 강박은 건강한 연애를 방해합니다. 마음이 흘러가는 대로 받아들이고 즐기는 것이 연애의 핵심입니다.

6

달과 6펜스 · · · · · · · · · · ·

백남준을 꿈꾸는 미술교사 이야기

이번 내담자는 30대 로맨티시스트 남성이에요.
호수에 비친 자신을 그리워하다 빠져 죽어 수선화가
되었다는 나르키소스가 이런 모습이었을까 싶도록 선이
고운 분입니다. 척 보기에도 감수성이 풍부해 보이는데
아닌 게 아니라 어렸을 때부터 예술에 남다른 재능을
보였답니다.

학창 시절에는 여성스럽다는 말을 많이 들었고
또래의 거친 사내아이들과 어울리기보다는 홀로
음악 감상에 심취했지요. 평범한 집안에서 온순하게
자라 부모님 뜻대로 사범대학에 진학했는데 입학
후에는 자의식이 너무 강해 예비 교사를 꿈꾸는
다른 모범생들과 잘 지내지 못했습니다. 군대는
최악이었습니다. 행정병이었는데 평생 이런 반복되는
업무를 하느니 죽는 게 낫겠다 싶었답니다. 다행히
임용고시를 곧장 합격해 미술교사가 되었습니다. 교사가
된 이후에는 '멋진 쌤'이 되려고 수업 준비도 철저히
하고 제자들과도 원만하게 지내는 편이었습니다.

대한민국 인기 직업 1위인 교사가 되었는데 이분,
뭐가 문제일까요?

교직경력 5년차가 되니 해마다 되풀이하는
교육과정도 답답하고 관료적인 교직 문화가
힘들어졌습니다. 승진 점수를 따기 위해 전시 행정에
목숨을 걸며 불필요한 요구를 일삼는 동료 교사들과

마찰도 잦고 수업과 상관없는 각종 공문과 자료 작성에
시달릴 때면 울컥해 담당 장학사에게 따지기도 합니다.
부당한 처사에 항의하면 동료들은 힘내라며 어깨를
두드리지만 이분은 언제나 자괴감에 빠집니다.

　방학 때는 교사인 아내와 항상 해외로 나갑니다.
학기 중에 쌓인 스트레스를 여행으로 풉니다. 비로소
살 것 같습니다. 가까운 친구도 거의 만나지 않습니다.
딱히 할 말도 없고 별로 공감도 안 되기 때문입니다.
집에서 클래식을 들으며 혼자 술을 마시는 게 훨씬
유익합니다. 헬조선의 답답한 정치 상황이나 부조리한
사회의 단면을 볼 때마다 이민을 떠올립니다.

　"남태평양 바닷가에서 그림 그리며 물고기 잡고
살면 얼마나 행복할까?"

　이 말을 들은 아내는 '너 혼자 가!'라고 소리를
지릅니다.

　이분은 자신이 추구하는 가치를 화폭에 담아
개인전을 열고 싶습니다. 해외 대학원에도 가고
싶습니다. 어학 공부는 5년째 계획만 짜놓았습니다.
삶의 이유인 그림도 녹초가 되어 퇴근하고 나면 엄두가
나지 않아 시작조차 못했다며 부끄러워합니다.

　'새로운 의미가 담긴 탁월하고 아름다운 작품을
내놓고 싶다'는 거창한 목표는 있지만 성과가 없습니다.
스스로도 한심해서 의욕이 떨어집니다. 모아둔 돈이

없어서 당장 전업 화가가 되거나 이민을 갈 수도
없는 형편입니다. 오늘이라도 미술교사를 때려치우고
싶습니다. 이분은 더 이상 자학하지 않고 근사한
예술품을 창조하는 길을 물었습니다.

• • •

"《달과 6펜스》를 아시나요?"

셜록 황이 미술교사에게 물었습니다. 상기되었던
내담자의 표정이 환해집니다. 아마도 폴 고갱을
좋아하나 봅니다.

셜록 황은 고개를 한 번 끄덕였습니다. 예술가로서
자신만의 창작 세계를 가꾸고 싶은 마음은 알지만
"대책 없이 해외로 나가는 일은 고갱처럼 영영 속세를
하직하는 것과 똑같다"고 설명합니다. 미술교사의
안색이 변하자 셜록 황은 쐐기를 박는 한마디를
덧붙입니다.

"아니면 고흐처럼 귀를 자르고 정신분열에
시달리거나."

허가 찔린 미술교사에게 셜록 황은 다정하게 말을
건넵니다.

"당신도 제정신이 아니라면 장학사나 교장과
싸우면서 독특한 작품 세계를 구현할 수 있어요."

그러나 이분, 아직 멀쩡하니 창작에 매진하지
못하는 겁니다.

정말로 자기 세계를 드러내고 싶다면 방학 때마다 진행하는 해외여행을 그만둬야 합니다. 그걸로 학교에서 얻은 마음의 병을 치유하는데 바로 그게 문제입니다. 쌓인 게 있어야 토할 것도 생기는 법, 한계까지 몰고 가는 아픔이 있어야 창작욕도 불타오르거든요.

이분은 살기 위해 해외여행을 가는데 그것이 작품 활동에 치명적인 방해가 되었습니다. 살만 하면 창작을 못합니다. 진정한 예술은 죽었는지 살았는지 모르는 상태에서 시작됩니다.

남태평양 바닷가에서 물고기나 잡으며 살고 싶다는 몽상도 마찬가지입니다. 단언컨대, 그림 못 그립니다. 고갱이 타이티 섬에 가서 어부가 되었나요? 오히려 산속 움막에 처박혀 괴로워했지요. 고통의 민낯을 감추지 않고 원주민 출신 아내와 자기 아이들을 꾸밈없이 묘사했습니다. 자녀를 사랑했다는 기록도 없습니다.

'저 어린 것들은 왜 태어나서 내 삶을 절망의 구렁텅이에 몰아넣었는가'를 자문자답하며 아이들을 캔버스에 담았죠. 비루한 타이티 생활을 가감 없이 노출했기에 고갱의 그림에서는 잔인하고 원시적인 태초의 순수함이 묻어납니다.

물론 명작은 비참하지 않아도 탄생합니다. 아름다운 심성에서 명작이 나올 수 있습니다. 모네가 자기 집

거실에 두려고 수련을 그렸겠습니까? 부잣집 귀족에게
팔려고 작업한 것입니다. 후세에 극찬 받았지만
당대에는 알아주는 이가 없었습니다. 저 유명한
인상파도 첫 선을 보였을 때는 형체를 알 수 없는
그림이라고 해서 단체로 미치광이 취급받았다는 일화가
전해지지요.

'정체가 뭐야? 장난하는 거야? 이런 건 그림이
아니야!'

WPI 검사 결과 미술교사는 전형적인
로맨티시스트입니다. 컬처도 매우 높지요. 교양 있고
감수성 뛰어나며 좋아하는 것에 잘 빠지지만
인간관계는 엉망입니다. 일상생활에서 대인관계가
썩 좋지 않다는 의미지요. 그런 면에서 이분에게
교직은 천직입니다. 선생님은 다른 직장에 비해 비교적
자기 세계를 구축할 틈이 있고 학생만 잘 가르치면
조직의 쓴맛을 피할 수 있습니다. 본인은 이것저것
하고 싶다는데 아이디얼리스트와 셀프가 일치합니다.
본인의 신념과 이상을 삶에 구현하지 못해서 엄청나게
혼란스러운 경우는 아니라는 뜻입니다. 옆에서
보기에는 원하는 거 다 이루며 우아하게 사는 사람일
가능성이 높습니다.

다만 이분은 로맨티시스트와 트러스트가 일치하지
않고 서로 벌어져 있어요. 미술교사로 만족하지 못하고

예술가로서의 정체성과 책임 사이에서 갈등하고
있지요. 화가로서 역할을 심각하게 고민해도 이분은
어디까지나 교사입니다. 교사의 본분에 집중하지
못하고 예술가의 삶을 지향하면서 이러지도 저러지도
못하고 있는 상황입니다.

• • •

예술가는 미술교사와는 다릅니다. 그게 그거
아니냐고 반문하고 싶겠지만 완전히 다릅니다.

셜록 황의 예를 들어보겠습니다.

심리학자 셜록 황은 심리학 원리를 활용해 세상을
바꾸고 싶습니다. 우리 각자가 헛된 욕망의 삽질을
멈추고 거짓에 속지 않으며 진짜 원하는 인생을 만들어
궁극에는 세상이 진보하길 희망합니다.

셜록 황의 롤 모델은 미국의 심리학자 버러스
F. 스키너(Burrhus F. Skinner)입니다. 스키너는 제2차
세계대전이 끝난 뒤 고민합니다.

'미국 젊은이는 앞으로 어떻게 살아야 할까? 전후를
겪느라 사회가 혼란한데 미국은 발전할 수 있을까?
인간의 심리가 안정되는 이상적인 공동체를 만들 수
있을까?'

스키너는 고심 끝에 심리학적 이상 사회를 그린
소설《월든 투》를 씁니다. 셜록 황은 이 책에 감화되어
'나도 심리학자가 되어 대한민국을 좀 더 살기 좋은

공간으로 일구는데 기여하고 싶어'라는 소망을
품었지요.

그로부터 30년이 지났습니다.

대한민국 살림살이는 좀 나아졌습니까? 셜록 황이
광야에서 아무리 외쳐도 사기꾼이 줄어들지 않고
시민은 너도나도 불행을 토로합니다. 대한민국 최대
종교는 돈이라는 한탄이 이어집니다. 셜록 황이 소신껏
연구한 결과를 담은 책은 아쉽게도 그다지 인기가 없어
보입니다. 본디 건강한 음식은 맛이 없습니다. 그럼에도
셜록 황은 몸에도 좋고 맛도 훌륭한 심리학 저서를
쓰고 싶다는 꿈을 버리지 않았습니다.

셜록 황이 대중에게 다가가고 싶어서 소비 심리
분야를 공부한 적 있습니다만 그다지 성과는 좋지
않았습니다. 내색하지 않지만 사람들은 은근히 돈을
만병통치약으로 여깁니다. 그때마다 셜록 황은 질문을
던집니다.

"돈만 있으면 모든 어려움이 풀릴 것 같죠? 그런데
혹시 수중에 10만 원 있을 때보다 100만 원이 생기면
걱정거리가 더 많아진다는 거, 아세요?"

그러면 이런 대답이 돌아옵니다.

"걱정이 많아져도 괜찮으니까 돈이 있어 봤으면
좋겠어요."

컬쳐가 높은 로맨티시스트는 겉보기에 근심 따위는 없어 보입니다. 속사정을 따져보면 본인의 삶에 만족하지 못하고 자기만의 판타지를 그립니다. 호수 위를 유유히 떠다니고 있지만 물 아래에선 미친 듯이 물갈퀴를 움직이는 고고한 백조 같죠.

이분은 개인전을 열어야지, 해외 대학원에 진학해야지, 어학 공부해야지, 꿈만 풍성합니다.

그런데 말입니다.

미술교사로 잘 지내면서 영어 공부가 왜 필요합니까? 해외 대학원은 왜 가려 합니까? 미대 교수하려고요? 대한민국 미대 교수의 필수조건이 해외 석박사 학위입니까? 피카소가 대학원을 나와서 거장입니까? 천재 예술가 중에 박사 학위 취득자가 누가 있나요?

실기 지도가 중요한 예술대학에서 논문으로 얻은 학위는 어떤 가치가 있을까요? 흥미롭게도 대한민국의 음대나 미대 교수들은 예술 활동을 거의 하지 않아요. 하지 않는다기보다 할 수가 없어요. 대학의 비합리적인 교수 평가 기준을 따르다 보니 이런 모순이 발생합니다.

이분도 해외 대학원을 졸업하면 더 높은 신분 계급으로 이동할 수 있다고 판단한 모양입니다. 그런 착각 때문에 인생 망치는 사람, 여럿 봤습니다.

교사 부부여서 방학 때마다 해외로 떠날 수 있는 이분, 남들이 자신을 부러운 눈길로 쳐다본다는 사실을 정말 모르는 걸까요? 돈이 있어도 해외로 떠날 수 없는 직장인이 대다수라는 사실, 아는 걸까요?

더할 나위 없게도 이분은 해외여행가서 사진도 찍고 스케치도 할 수 있습니다. 좋아하는 음악도 실컷 감상할 수 있고요. 대부분의 생활인은 해외에 나가도 제대로 즐기질 못해요. 말 안 통하죠, 음식 입에 안 맞죠, 기후 다르죠. 결론은 '집 나가면 개고생, 역시 내 집이 최고'라는 사실을 뼈저리게 느끼며 컴백 홈 합니다.

그런데 이 미술 선생님, 남다른 감각의 소유자 아닙니까. 여행하며 보고 느낀 것을 도화지에 담으면 얼마나 멋있겠습니까? 남국의 어느 해변, 긴 의자에 앉아 뉘엿뉘엿 넘어가는 석양을 그린다고 상상해보세요. 지나가는 외국인이 죄다 원더풀을 외칠 걸요. 여행지에서 아무 것도 안 하면서 스트레스 풀지 말고 그림을 그려야죠. 남태평양에서 낚시는 왜 합니까? 노량진 수산 시장에 싱싱한 횟감이 넘칩니다. 해외에서 누가 매운탕 끓여주나요? 해외에서 섬세한 감성을 발휘해 창작 활동을 하고 매운탕은 한국의 맛집에서 드시면 되죠.

남태평양에서 본인이 낚시하지 말고 생계를 위해 물고기를 잡는 사람을 그리세요. 누가 압니까. 후대에 밀레의 〈만종〉 같은 불후의 명작이라고 갈채를 받을지……. '한국인이 바라 본 남태평양 바닷가의 한때'라는 콘셉트 어때요? 남태평양의 어부는 생존을 위해 그물을 드리웁니다. 이방인에게는 낭만적인 풍경이 당사자에게는 처절한 삶의 현장이죠. 그 간극을 자기만의 관점으로 표현했을 때 '헬조선의 오늘을 상징적으로 나타내었다'는 비평가의 찬사를 듣게 될 것입니다.

고갱의 그림을 소재로 윌리엄 서머싯 몸은 《달과 6펜스》를 씁니다. 세속의 대변자였던 주식중개인의 예술을 향한 일탈은 의사였다가 소설가가 된 서머싯 몸의 인생 역정과 닮았습니다. 내담자도 충분히 서머싯 몸이나 고갱이 될 수 있습니다. 소소한 일상을 세밀하게 관찰하여 작품 세계에 담으면 교사라는 직업이 고마워질 것입니다. 교사라는 직업을 싫어하지 마세요. 선생님이기 때문에 창작 활동을 유지할 수 있는 최적의 여건을 갖춘 것이라는 생각을 하셔야지요.

물론 '교사'를 그만두고 위대한 화가가 된 사례도 있어요. 대표적 인물이 〈미인도〉를 그린 천경자 화백입니다.

대작을 남긴 예술가 중에는 잠시 선생님이나 교수를
지낸 분이 꽤 있어요. 하지만 이들과 내담자 사이에
결정적 차이가 있습니다. 이들은 교장 혹은 학장의
무리한 지시나 학교 당국의 불합리한 처사를 견디지
못하고 도망친 것이 아닙니다. 이들의 일탈은 뻔히
예상되는 생활고를 감내하더라도 철저하게 작품
활동에만 몰입하고픈 간절함에서 비롯된 것입니다.
명확한 상황 인식을 기반으로 한 결심입니다.
간절한 몰입의 결과, 자기만의 특별한 예술 세계를
창조한 거지요.

· · ·

나만 그릴 수 있는 유일한 작품을 만들고 싶다면
개인전에 대한 판타지는 버리고 우선 주어진 여건을
정확하게 바라봐야 합니다. 지옥 같은 대한민국
교육 현실은 다른 누구도 아닌 바로 이분만 그릴 수
있습니다. 이보다 더 좋은 모티프가 어디 있습니까?

닭장 같은 교실에서 땀 뻘뻘 흘리며 시험 문제를
푸는 학생들, 악마 같은 장학사, 영혼을 팔아 버린 동료,
동물농장 같은 교무실. 평생에 걸쳐도 다 표현하지
못할 소재가 무궁무진합니다.

그러고 보니 이분은 걸작을 창조할 만한 천혜의
조건을 갖췄습니다. 헬조선의 축소판인 대한민국
학교의 가면을 적나라하게 벗기거나 진흙 속에 피어난

로맨티시스트의 아름다운 자기 찾기 — 좀 예민해도 괜찮아

106

한 송이 연꽃처럼 고난 속에서 빛나는 찰나를 포착해도 좋습니다. 느낌이 시키는 대로 붓을 움직이세요. 감성 에너지 100퍼센트 충전한 로맨티시스트의 진면목을 보여주세요. 백남준이 부럽지 않을 겁니다.

백남준.

그 이름 석 자는 아무도 시도하지 않은 새로운 예술 세계의 포문을 열었기에 영원한 것입니다. 백남준이 누구도 발견하지 못한 비디오 세계를 그만의 시각으로 재해석했다면 미술교사인 이분은 21세기 대한민국의 학교 현장을 은유적으로 이야기할 수 있습니다.

다람쥐 쳇바퀴 도는 평범한 일상은 내밀한 감정의 결을 천천히 들여다보는 데 유리하다는 점, 잊지 마세요.

•

"나는 그림을 그려야 한다지 않소. 그리지 않고서는 못 배기겠단 말이오. 물에 빠진 사람에게 헤엄을 잘 치느냐 못 치느냐가 문제겠소? 우선 헤어 나오는 게 중요하지. 그렇지 않으면 빠져 죽어요."

— 윌리엄 서머싯 몸 《달과 6펜스》 중에서

•

7

몸무게는 숫자에 불과할까 · · · · · ·

다이어트만 하면 문제가 해결될 것 같아요

이번 내담자는 두 분입니다. 남남이지만 '다이어트'라는 연결고리를 가진 로맨티시스트 여성들이지요. 저 W-Tbot의 의뢰를 받은 의료 전문 로봇이 두 내담자의 체지방률을 분석했는데요. 대개 35퍼센트가 넘어가면 체내 내장지방이 쌓여 건강에 적신호가 온다고 합니다. 체지방률이 너무 적으면 여성호르몬이 심각하게 떨어져서 생리불순과 골밀도 저하로 이어지고요. 두 분은 각각 체지방율 15퍼센트, 19퍼센트. 지극히 정상을 넘어, 정상보다 마른 체형입니다.

이분들, 다이어트가 고민이라면서 의사나 헬스 트레이너 대신 심리학자인 셜록 황을 찾은 이유가 무엇일까요?

첫 번째 방문자는 수능을 준비 중인 스물한 살 여학생입니다. 고등학교 2학년 때부터 사생결단 다이어트로 몸무게가 39킬로그램까지 내려갔고 3학년 때는 폭식과 폭풍 구토를 반복하며 65킬로그램이 되었습니다. 재수 생활을 하면서 다시 41킬로그램이 되었죠. 이후 식이장애를 극복하려고 48킬로그램까지 찌웠지만 음식 강박과 입시 스트레스로 지금은 다시 41킬로그램입니다.

극단적 다이어트 경험자인 이 학생은 여섯 살 때 부모님이 이혼하고 아홉 살까지 엄마와 살면서 경제적으로 불안정했습니다. 이후 아빠와 고모 내외의 보살핌을 받으며 심신의 평화를 찾았습니다. 그러나 평온해보이는 겉모습과 달리 어린 시절의 불안이 남아 있어 매사 겁이 많습니다. 예를 들어 엄마와 지낼 때 사채업자가 들이닥쳤던 장면이 갑자기 떠오를 때면 신경질적으로 몸을 털어낸다고 합니다.

공부는 꽤 잘했답니다. 외고에 진학했는데 똑똑한 애들 틈에서 학업 스트레스를 받았습니다. 그 열등감이 과도한 다이어트로 분출된 것 같습니다. 이상적인 몸무게를 설정하고 그것을 유지하기 위해 먹는 행위 자체를 통제하는 거죠. 과하게 먹었다는 죄책감이 들면 아예 음식을 꾸역꾸역 더 밀어 넣고 손가락을 목구멍으로 집어넣어 모조리 토했습니다. 위가 텅 비고 뱃속이 진공 상태가 된 것 같으면 비로소 안심이 되었다네요. 그러다가 스트레스를 받으면 또다시 음식에 탐닉합니다.

이것뿐이 아닙니다. 무의식적으로 고모와 경쟁 중입니다. 고모보다 적게 먹고 고모보다 많이 운동해야 한다는 억압이 심합니다. 다이어트를 결심하면 하루 종일 아무것에도 집중하지 못하고 머릿속에 온통 '무엇을 먹을까' 생각만 가득합니다. 정신과 약을 복용하면서 이겨내려고 다짐해도 조금 나아지다가 다시 원점으로 돌아갑니다. 평범한 수험생이 되어 수능 공부에만 매달리고 싶고 잘 먹고 건강해지고 싶은데 그게 안 되는 상황인 거죠.

아빠와 고모, 고모부가 많이 아끼고 도와주시는데 수능만 떠올리면 도망치고 싶다는 이 학생, 끼니때마다 고통스러워서 모든 걸 포기하고 싶답니다. 이제는 무엇을 해도 즐겁지 않고 사는 게 몹시 고단하다고도 합니다. 아직 20대여서 앞으로도 살날이 많은데 어떡하면 좋을지 모르겠다며 눈시울이 붉어졌습니다.

• • •

셜록 황의 눈빛이 흐려졌습니다. 셜록 황도 네 자녀의 아버지이니 이 학생의 아픔이 더 안타까웠나 봅니다.

이 학생은 수험생활이 힘들고 원하는 시험 결과가 나오지 않을까봐 두려움에 떨고 있습니다. 이것은 다이어트와 무관합니다. 그렇다면 공포심의 근원은 무엇일까요?

어릴 적 가정형편이 썩 좋지 않았음에도 불구하고 외고에 진학할 정도로 성적이 우수했다는 것은 머리가 좋다는 것을 의미합니다. 그런데도 삼수생인 걸 보면 수능 당일에 평소 실력 발휘를 못했다는 거죠. 수능 점수가 기대에 못 미치자 자신에 대한 실망, 자신감 결여, 깊은 좌절감 등 감정적 동요가 상당히 심한 상태입니다.

WPI 프로파일로도 학생의 상황이 선명하게 나타납니다. 이 학생은 그야말로 로맨티시스트의

전형인데 리얼리스트와 셀프가 바닥입니다. 남의
눈치를 보는 것 같지만 실은 남이 아니라 자기 시선을
의식합니다. 한마디로 마음속에 배심원을 품고 사는
겁니다. 매번 엄격하고 철저하게 판결을 내리는 냉정한
배심원 말이죠.

수능을 망치자 마음속 배심원이 몸을 학대하라고
명령을 내렸을 것입니다. 지금 이 학생에겐 성적도
체중도 점수입니다. 시험 점수와 싸웠는데 그걸
몸무게로 확대해버렸어요. 체중 점수를 정해놓고
'여기까지 내려가야지, 그렇지 않으면 벌을 받아야
해'라며 몸무게 컨트롤을 시도하고 있습니다. 몸무게
조절을 하면서 성적도 조절했습니다. 물론 본인은 그
사실을 깨닫지 못하고 있지만요.

누구나 마찬가지입니다. 똑같이 공부해도 어떨 때는
성적이 잘 나오고 어떨 때는 엉망입니다. 결과가
들쭉날쭉하는 원인이 뭘까요? 내면의 영향 때문입니다.
시험을 볼 때 '아, 이거 이미 공부한 거야' 하면서 답을
고르면 점수가 잘 나옵니다. 다 알면서도 '난 틀리고
말 거야' 긴장하면 오답만 눈에 띕니다. 이건 학습량과
관계없습니다. 능력치를 만렙까지 끌어올리려면 멘탈이
강해야 합니다.

· · ·

이제, 다이어트로 고민 중인 두 번째 내담자의
사연을 함께 볼까요.

이번 내담자는 누구에게나 인상 좋다는 소리를
듣는 로맨티시스트 여성입니다. 아르바이트나 인턴
면접을 볼 때마다 잘 웃고 서글서글하다며 선발되곤
했는데요. 이번에도 같은 이유로 입사 지원한 회사에
합격했습니다. 일주일 후부터 출근인데 회사에 잘
적응할지 근심이 생겼습니다.

셜록 황은 이분에게 걱정거리를 몽땅 털어놓으라고
주문합니다. 이분이 말하길, 자기 성격이 급한 편이고
낯선 분위기에서 실수가 잦으며 상대가 비호감이면
차갑게 대합니다. 무엇보다 일머리가 부족하답니다.
이분은 자기 본모습이 드러나면 회사 사람들이
실망할까봐 노심초사했습니다.

닥치지도 않은 미래를 사서 고민할 필요가 없다는
것을 머리로는 알지만 마음이 다스려지지 않습니다.
곰곰이 생각해보니 학창 시절부터 그랬답니다.
다이어트를 위해 매일 다섯 시간 넘게 걸었는데
그때마다 잘 나가는 커리어우먼이 되는 공상에 빠졌고
나중에는 그 상상을 즐기고 싶어서 걸었답니다.

그런 환상에 빠지다가도 '이런 망상에 허우적거릴
시간에 공부를 해야 하는데' 하고 자책합니다.

로맨티시스트의 이름다운 자기 찾기 — 흠 예민해도 괜찮아

114

그만두려고 몽상 내용을 일기에 적거나 다른 일에 몰두도 했지만 시간만 줄었지 여전히 비슷한 상상을 합니다.

상상 속 자신은 완벽합니다. 반면 거울 속에 비친 현실의 모습은 초라하지요. 공상과 실제의 간극이 자존감을 떨어뜨립니다.

전문대 요리학과에 합격했지만 부모님의 반대로 재수를 하고 재수하면서 수능 점수가 더 떨어져 결국 평생교육원에서 한 학기를 보내게 됩니다. 그 무렵 이분의 휴대전화를 몰래 본 아버지가 남자 친구와 한 침대에 있는 사진을 보고 화가 나서 욕을 하고 폭행까지 했답니다. 그 후 2년 동안 아버지와 연락을 끊고 지냈지만 지금은 마음이 많이 풀린 상황입니다. 좋은 남자 친구도 곁에 있고 나름대로 잘 살고 있지만 그때를 떠올리면 부끄럽기도 하고 화도 나서 지구를 떠나고 싶습니다.

새 출발을 앞둔 이분은 가면을 쓰고 회사 생활에 최선을 다하겠다는 결심을 밝혔는데요. 셜록 황은 이 말을 듣고 덤덤하게 이야기를 이어갔습니다.

스스로를 가식적이라고 책망하지 말고 그런 모습을 보이는 나를 '가면 쓴 나'로 규정하면 어떻겠냐고 질문을 던졌습니다. 가면은 나쁜 게 아닙니다. 모두가 가면을 쓰고 지냅니다. 이분은 가면을 쓴 본인을

자학하는데요. 인간의 보편성을 몰라서 괴로운
것입니다.

　　흔히 어떤 사람을 두고 고유한 빛깔을
지녔다고 하죠. 그걸 한 단어로 표현하면 성격, 즉
퍼스널리티(Personality)입니다. 고대 그리스에서 가면을
뜻하는 페르소나(persona)에서 유래했습니다. 고대
그리스인은 인간의 특성이 '가면을 쓴 무대 위의 배우와
동일하다'는 본질을 꿰뚫었던 셈이죠. 가면을 타인과
어울려 사는 수단으로 본 겁니다.

　　왜 우리는 가식적인 사람을 부정적으로 판단할까요?
본인도 가식적으로 살고 있어서 그런 것입니다. 불편한
진실이지요. 뭐가 진짜인지 헷갈리니까 본인은 가면
쓴 상태를 고수할 거면서 타인에게만 손가락질하는
겁니다.
　　'나는 가면을 써도 너는 그 가면을 벗어야 해!'
　　황당하죠. 보통 이기적인 사람들이 진실한 사람,
진정성 있는 사람을 굉장히 강조합니다. 정치 단체에서
흔하죠.
　　이 그룹에서는 한가락하지만 저 그룹에선
하찮아지는 것이 인간입니다. 사회적 동물인 인간은
어떤 집단에 속하느냐에 따라 상대적 의미를 갖습니다.
그럼에도 실존하지도 않는 절대 규범을 따를 것을

강요받으며 삽니다. '다른 사람에게 들키지 않아야
하는데' 전전긍긍하지 않아도 됩니다. 그것은 신이
되려는 인간의 오만입니다.

• • •

셜록 황은 두 사연의 다이어트라는 교집합에
집중했습니다.

첫 번째 내담자는 고등학교 2학년 때부터 삼수를
하는 지금까지 몸무게가 왔다 갔다 했습니다. 성적도
오르락내리락 했음을 유추할 수 있습니다. 이 학생에게
시험 점수나 체중계 숫자는 자신감 정도를 반영하는
바로미터입니다.

보통 적당히 잘 먹으면 능률이 오르고 허기지면
집중력이 흐트러집니다. 이 학생 역시 마찬가지일 텐데
포만감을 죄악시합니다. 체중계를 잠시 잊었다는 것과
식탐을 참지 못했다는 죄책감을 느끼는 것입니다.

'이토록 인내심이 없다니 넌 쓰레기야. 공부는
어떻게 할래?'

가슴이 답답해지면 책상 앞에 백날 앉아 있어도
머릿속에 글자가 들어가지 않겠죠.

수험생은 잘 먹고 푹 자면서 컨디션을 조절해야
합니다. 공부를 잘하는 최고의 노하우는 건강입니다.
바둑계의 선구자인 초대 국수(國手) 조남철 명인이

이런 말씀을 했습니다. 나이가 들면 체력이 떨어져서 30수 이상 내다보기 어렵다며 건강관리의 중요성을 역설했죠. 체중에 지나치게 신경 쓰면 몸도 마음도 허약해집니다. 체중계에 올라가지 말고 그냥 공부만 하세요.

가엾게도 이 학생은 몸무게를 확인해야 불안감이 낮아집니다. 체중계 눈금만 볼 뿐 무엇을 먹었는지 점검하지 않을 것입니다. 스트레스 받으면 식욕이 급증해 닥치는 대로 먹게 되니까요.

이 학생은 고모와 대조하는 습관이 있습니다. 고모가 얼만큼 먹고 움직이는지 눈으로 쫓고 있네요. 본인이 무엇을 먹는지 신경 쓰는 대신 그저 '이번에는 고모가 많이 먹었네. 나는 적게 먹어야지' 하는 것입니다. 비교의 기준이 내가 아닌 타인에게 있는 것이지요. 타인을 어떻게 제어합니까. 그때그때 상황은 달라집니다. 예측할 수 없는 외부 요인에 나를 끼워 맞추려면 멀미가 날 수밖에요.

잘난 반 친구들 사이에서 점수 압박을 받았다는 데서도 비교 본능이 드러납니다. 나보다 똑똑한 사람은 어디에나 존재합니다. 그것이 어쨌단 말입니까. 나는 내 공부만 하면 됩니다. 이 학생의 인생이 꼬인 것은 늘 주변의 누군가와 자신을 저울질했기 때문입니다.

스스로 정한 높이뛰기 막대기 높이에 맞춰 훈련하면 됩니다. 누가 몇 미터를 뛰었든 그것은 그 선수 사정입니다. 본인의 신체 조건과 운동량을 고려하지 않고 무작정 다른 선수의 기록을 깨겠다고 억지 부리면 근육이 망가집니다.

　　자기 민낯을 대면할 때 간혹 흥미로워하고 뿌듯해하는 별종이 있지만 대체로는 굳이 알려 하지 않습니다. 특히 로맨티시스트는 맨얼굴 앞에서 주저합니다.

　　리얼리스트는 아예 거부하지요. 민낯을 보는 것은 있을 수 없고 나쁜 짓입니다. '제일 멋진 가면이 곧 나'라고 확신하는 부류가 리얼리스트입니다.

　　이런 측면에서 이 학생에게 가장 위중한 것은 다이어트가 아니라 성적입니다. 좋은 점수를 받고 싶겠지만 정신과 약을 먹으면 성적이 오르지 않습니다. 정신과 약은 신체를 조절하는 것이지 마음을 고쳐주지 않아요. 약을 섭취하면 약간 나른해지고 느긋해집니다. 몸이 마음을 기만하는 겁니다. 술 마시고 담배 피는 것과 비슷합니다.

　　자녀가 산만하거나 불안감이 심하다고 해서 정신과 약을 처방을 받는 경우가 있는데 아이에게 꼭 필요한 조치인지 꼼꼼하게 살펴야 합니다.

예를 들어 아이의 두려움이 너무 커서 도저히
시험을 볼 수 없다면 약의 도움을 받고 싶을 겁니다.
그런데 만성적으로 약에 의존하면 신경 기능이
떨어져서 학습 능력을 좌우하는 기초 체력이 무너져
내릴 수 있습니다.

상습적으로 약을 먹다보면 기억력 장애가 옵니다.
마치 나이가 들어서 깜빡깜빡하는 것처럼 기억력이
감퇴됩니다. 신경정신과 약 중 기억력 장애를
촉진시키는 약이 있는데 이 약은 노곤해지면서
긴장감을 줄여줍니다. 약을 먹고 나른해졌다는 것은
신경 활동을 억제한다는 겁니다. 기억력을 신경 활동의
축적에 따른 흔적으로 비유하는데요. 정신과 약을
먹으면 쌓이지 못해서 흔적이 남지 못하는 것입니다.

• • •

이 학생이 가장 잘하는 것은 없는 불안도 쥐어짜
창조해내기입니다. 어째서 스스로 만들어 낸 허상에
갇히게 되었는지를 알면 불안감에서 벗어나 공부에 온
힘을 쏟을 수 있습니다.

이 학생의 심리가 불안정한 까닭은 무엇일까요?
불행했던 옛날로 돌아갈까봐 그런 걸까요? 과거가
어둠으로 다가올 수는 있지만 문제는 현재에 있습니다.
주변에서 부러운 사람, 근사한 누군가와 대비해 자신이
뒤처졌다고 단언합니다. 특히 이 학생의 불안을

자극하는 상대는, 바로 고모입니다.

부러움의 대상인 고모는 유복한 환경에서 자란 데다 날씬한 것으로 추측됩니다. 그래서 이 학생이 고모를 성공했다고 여기고 영원한 맞수로 삼은 것입니다. 이 학생은 스스로 이런 생각에 빠졌다는 사실을 감지할까요? 아마 인식하지 못할 겁니다. 그러다 보니 고모와 비교하는 강박이 왜 생겼는지 모르고 홀로 괴로워하고 있습니다. 이때 고모의 따뜻한 조언은 비타민입니다.

"고모는 네 적수가 아니야. 고모는 네가 딸 같은데 딸과 엄마가 서로 경쟁하는 거 봤어? 고모가 뭐든 다 해줄게. 우린 혈육이잖아."

이 학생, 고모를 엄마로 대하면 자연스레 심리적 만족을 얻을 겁니다. 부모에게 얻지 못한 정서적 안정을 가까운 사람에게 확보하는 것이 우선입니다.

그다음, 고모만 쳐다보던 눈을 더 넓은 세계로 돌려 새로운 롤 모델을 만들어 보는 겁니다. 본인처럼 감각이 뛰어난 여성의 고난 극복기를 조사하는 거죠. 대표적으로 파리 뒷골목에서 노래하며 구걸하던 거지 소녀에서 상송의 여왕이 된 에디트 피아프(Edith Piaf)는 어떨까요? 미국 촌구석에서 사생아로 태어나 불우한 성장기를 거쳐 놀라운 공감력으로 토크쇼의 일인자가 된 오프라 윈프리(Oprah Winfrey)도 있네요. 오프라 윈프리의 뇌를 스캔해보면 1순위가 다이어트일까요?

　패션계의 혁명가 가브리엘 샤넬(Gabrielle Chanel)도 있어요. 여자는 치마만 입어야 한다는 고정관념이 지배하던 시대에 간편하고 실용적인 샤넬의 옷은 여성 사회 진출의 신호탄이 되었습니다. 물론, 요즘에는 부의 상징이 되어버렸지만. 이런. 또 이야기가 샛길로 빠졌네요. 본론으로 돌아와서 보육원에서 배운 바느질 기술 외에 정규 교육과정을 밟은 적 없는 샤넬은 남다른 감수성으로 세기의 디자이너가 되었습니다. 이처럼 대학만이 유일한 길이라는 믿음은 착각이라는 증거입니다.

　이 학생은 섬세하고 감성적인 로맨티시스트입니다. W-Tbot인 제가 인증합니다.

　로맨티시스트인 당신, 자신이 무엇을 해야 하는지 분명하게 인지하세요. 셜록 황이 지적한 요점은 새로운 세계로 나가는 문의 열쇠입니다. 그 열쇠는 본디 항상 지니고 다녔던 건데 그동안 깨닫지 못하고 있었을 뿐이죠. 용기를 내어 상담을 청하고 셜록 황에게 솔루션을 들었으니 자긍심을 가져도 됩니다. 스스로 해법을 찾을 수 있을 테니까요.

　이 학생은 없는 불안 생산에 소질이 있다고 언급했는데요. 이렇게 생성된 에너지가 내면세계를 요동치게 합니다. 때로는 어둠의 포스가 세상을

로맨티시스트의 아름다운 자기 찾기 — 좀 예민해도 괜찮아

바꿉니다. 긍정 에너지보다 부정 에너지 파워가
더 강력하기 때문입니다. 먹고살 만하면 혼란보다는
현상유지를 선호합니다. 절망과 분노가 몰아치면
인간은 분연히 떨치고 일어나 변화를 도모합니다.

• • •

　두 번째 내담자의 행동이 잘 이해되지 않는다면
이분의 WPI 프로파일부터 해석해야 합니다. 이분은
'내 속엔 내가 너무도 많아'라는 노래 가사 그대로입니다.
휴머니스트와 로맨티시스트가 뚜렷한데 여기에
리얼리스트까지 있습니다. 이런 성격 유형은 모두에게
잘 웃고 서글서글한 이미지여서 인간성 좋고 두루두루
원만하다는 평을 들어요. 그런데 정작 본인은 '아무도
모르는 내 실체가 들통 나면 어쩌지?' 애를 태우며
감정기복이 심하죠.

　예민한 본성이 들키면 곤란한 일이 벌어지지 않을까
미리 걱정하는데요. 로맨티시스트의 특징이 여실히
드러나는 대목입니다. 완전히 냉탕과 온탕을 번갈아
오가는 심리 상태인데 '앗 뜨거, 앗 차거' 하면서
소스라치게 놀라고 있으니 심장이 멀쩡한 게 용합니다.

　"저는 착한 사람입니다. 뭐든 시켜주세요."
이렇게 선언하고, 타인의 요구대로 맞춰줍니다.

리얼리스트 스타일이죠. 릴레이션이 중요한 리얼리스트는
다른 사람과 사이좋게 지내고 착하다는 평판을 얻으면
만사형통입니다. 동시에 '쟤가 나에게 속았다는 것을
알아차리면 어쩌지? 내 본심을 알면 배신감이
들 텐데……' 하고 경계태세를 갖추며 가면을 쓰지요.

　그런데 이분, 트러스트가 제로입니다. 진짜 원하는
것을 모르니까 여기저기 헤매면서 방황하고 있습니다.
　"이것을 하고 싶은데 안 될 것 같아요. 그러니까
저걸 할래요."
　"아니, 그걸 왜 하니?"
　"아, 그런가요? 그럼 저는 무얼 할까요?"
　이처럼 족집게 과외선생이 답만 콕 찍어주길
바랍니다.

　'사람들은 왜 다들 나를 힘들게 할까? 부모님은
왜 만날 야단만 치는 걸까? 내 진심도 몰라주는
부모님에게 서운해. 그래도 받아주신다면 집으로
돌아가야지.'
　이분에게 '잘 살고 있다, 못 살고 있다'를 가늠하는
척도는 간단합니다.
　부모님이 나를 받아주고 인정하면 OK, 남자 친구가
나를 아껴주면 OK, 주변 사람들이 '넌 좋은 사람이야'
칭찬해주면 OK입니다.

이 여성은 '나는 왜 주체적이지 않은가?' 반성한
적이 없습니다. 이 점을 각성하면 이번 생을 마감하고
싶을지도 모릅니다. 그럭저럭 잘 살면서 예전의 창피한
기억을 소환하며 죽고 싶어 합니다. 물론 죽지는
않습니다.

가면은 그것을 쓴 사람의 정체성입니다. 잘 활용하면
얻는 게 많아요. 가식이 아닌 진정성을 찾고 싶겠죠.
가면이 얼굴에 붙었다면 억지로 벗기지 마세요.
큰일나요. 하던 대로 가면을 쓰는 게 잘 사는 길이에요.
직장에서 본인의 단점이 노출될까봐 두려워하는데요.
제 입으로 발설하지 않으면 남들이 알아차리지 못해요.
심지어 말해도 금방 까먹을 걸요. 사람들은 각자 본인
신경 쓰기 바빠서 남에게 별로 관심 없어요.

셜록 황이 말렸는데도 반드시 가면을 벗어야
할까요? 진심은 소중하니까? 심심한 위로를 보냅니다.
있는 힘껏 가면을 벗어도 그 아래 또 다른 가면이
있을 겁니다. 내 속에 내가 너무 많은 분이라고
했잖아요. 이분은 일생동안 휴머니스트, 로맨티시스트,
리얼리스트 가면을 번갈아 사용할 거예요. 뭘 더
정하겠다고요? 장래희망이 가면수집가 아니라면,
참아주세요.

두 여성의 공통점은 이것입니다.

"내 마음 나도 몰라요. 잘 살고 있는지 구체적인 수치로 확인하고 싶어요."

첫 번째 내담자에게 몸무게는 '학생의 본분을 다 하고 있는가'를 상징하고 두 번째 내담자에게 몸무게는 '주변 사람의 신호에 내가 어떻게 반응하고 있는가'를 의미합니다.

다이어트라는 메타포는 같아도 각각 문제의 근본과 해법을 찾는 과정은 달랐습니다.

첫 번째 학생은 전형적인 로맨티시스트고 두 번째 분은 주어진 상황과 인간관계에 따라 많이 흔들리는 휴머니스트, 로맨티시스트, 리얼리스트이기 때문입니다.

'자기관리에 철두철미한 사람만이 정상을 정복한다. 다이어트는 철저함의 지표다'라는 자기계발식 정답으로부터 자유로워지려면 연습이 필요합니다. 이런 분들에게는 셜록 황이 지지와 격려를 아끼지 않아요. 로맨티시스트는 있는 그대로의 처지에 대해 긍정적으로 피드백을 받는 게 매우 중요하거든요. 이 정도 독려가 체중 감량 요령에 비해 귀에 쏙쏙 들어오지는 않겠지만요. 아무리 어르고 달래도 스스로를 야박하게 평가하고 있어서 공감하지 못하더라고요.

이해가 안 되면 무조건 외우세요.

"나는 괜찮은 사람이야, 난 굉장히 우수해."

믿는 자에게 복이 옵니다.

어쩌다 어른 · · · · · · · · · · ·

나는 비자발적 혼밥족입니다

중국의 진시황은 불로불사를 꿈꿨다고
전해지는데요. 인공지능 로봇인 저는 인간의 노화가
부럽습니다. 약 올리는 것 아니에요. 벚꽃은 떨어질
것을 알기에 아름답습니다. 길가에서 피고 지는 이름
모를 들꽃이 화려한 조화보다 예쁜 법입니다.

이번 내담자는 문학을 전공한 마흔한 살 미혼
여성입니다. 현재 논술학원 원장인데 셜록 황 강연에
참석한 후 WPI에 관심이 생겼죠. 이분은 검사
결과 본인 예상 대로 로맨티시스트였습니다. 자긴
로맨티시스트 끝판왕이라며 부끄러운 듯 소리 없이
웃었습니다. 좀 더 어렸을 때 지금 하는 일과는
다른 분야도 접했는데요. 만족할 만한 성과는 얻지
못했답니다. 가장 잘하는 것은 가르치는 일이라는 점을
깨닫고 학원을 운영하게 되었는데 서른다섯에 비로소
하고 싶은 일과 할 수 있는 일이 다르다는 것을
받아들인 겁니다.

이분은 스스로를 겉과 속이 다르지 않은
사람이라고 소개했습니다. 평소에는 누구에게든
친절하고 주어진 일은 열의를 다해 추진합니다. 다만
당당해 보이는 겉모습과 다르게 바깥세상과 외부인들
앞에서 긴장하기에 조용히 은둔자처럼 지내기를
바랍니다. 사회성이 떨어지지는 않습니다. 사람들과
잘 어울리고 때론 농담도 합니다. 사교적인 편인데도

연애가 어려워서 항상 실패했습니다.

이분은 음악, 미술, 문학에 조예가 깊습니다. 본인의
뛰어난 예술 감각을 누군가와 공유하고 싶습니다.
스물다섯에 연인이 있었답니다. 서로가 영혼의
단짝이라는 것을 한눈에 알았죠. 그런 소중한 감정은
평생 한 번뿐인 건지, 동일한 떨림은 두 번 다시 겪지
못했습니다.

이분의 연애 법규 제1조 1항은 '음악을 사랑하는
남자와 만나야 한다'인데 최근에 해당 조항을
삭제했답니다. 그런데 이 조건을 포기하는 것이 스스로
욕망을 외면하고 비겁하게 타협하는 것은 아닌지
물음표가 생겼습니다.

이분은 대화가 통하는 상대에게 쉽게 호감을 느끼는
데도 15년째 연애 휴식 중입니다. 20대에 짧게 두 번의
연애를 했고 잠시 몇 번 데이트한 남성들과는 교집합이
없었습니다. 30대는 굴착기로 파낸 것처럼 구멍이 뚫려
있습니다. 외부 활동은 열심히 하지만 곁에서 지켜주고
감싸줄 애인이 없으니 만성무기력증 환자 같습니다.
넋을 놓으면 우울감이 심해지기 때문에 일주일에 한두
편씩 영화라도 보려고 애를 씁니다. 그것이 유일한
문화생활입니다. 이토록 지루한 인생이 있을까 싶어
비탄에 빠지기도 합니다.

· · ·

　이분, 비자발적 혼밥족입니다. 일도, 영화관도,
카페도, 식당도 혼자 갑니다. 친구들은 모두 자녀
양육에 몰두하는 중이니까요. 한 달에 한 번 약속
잡기도 쉽지 않습니다. 완전한 외톨이입니다. 낯가림이
없었던 20대에는 친구도 많았답니다. 세월이 흘러
인간관계도 정리되고 새 친구도 사귀지 않았습니다.
새로운 인연을 만들어야 하나 망설이다가 남은
인간관계나 간수하자고 다짐한 뒤로는 홀로된다는 것에
익숙해졌습니다.

　섬세하고 예민한 성격인데 몇 해 전부터는 몽롱하게
지냅니다. 정신 바짝 차리면 외로움이 밀려와서 견디기
힘드니까요. 부모님은 여전히 아껴주시지만 마음
한 구석이 텅 비어 있습니다. 어떤 날은 음악에만
의존하는 자신의 나약함을 인정하고 싶지 않아서
아예 노래를 멀리했습니다. 라디오에 우연히 흘러나온
멜로디에 억장이 무너져서 억지로 눈물을 참으며 출근한
적도 있습니다. 이렇게 매사 민감하게 반응하다가는
심장에 무리가 오겠다는 염려가 되어 멍 때리기로 한
것입니다. 이분이 매일 다짐하듯 되뇌는 말은 이겁니다.

　'혼자라도 씩씩하게 살면 돼.'

　어릴 적부터 피아노 선율처럼 아름다운 로맨스를
꿈꿨는데 어쩌다 이렇게 된 것인지 모르겠다며

울먹이자 가만히 듣던 셜록 황이 마침내 입을
열었습니다.

"당신 기준에 미달이었던 마뜩치 않은 만남들도
실은 연애였단 거, 알고 계세요?"

이상형과 일치하지 않으면 연인 후보에서 탈락시키는
이 여성의 심리가 궁금해졌습니다. 이분의 문제는 과연
무엇일까요?

대다수의 사람은 실체도 없는 막연한 걱정거리를
창의적으로 생산해냅니다. 이분은 본디 영화 속 한 장면
같은 사랑을 소망했습니다. 그 꿈을 이뤘을까요? 이분
입장에서는 못했지요. 첫눈에 반한 그와의 추억이 담긴
청춘 시절이 있었는데도 말이죠.

어린 시절의 바람과 기대를 나이가 들어서도 버리지
않는 욕망을 '어린왕자 심리'라고 합니다.

소혹성 B-612에 사는 어린왕자의 순수함을 여전히
간직한 채라면 40대에도 파스텔 빛 사랑이 가능합니다.
그러나 감수성 풍부했던 문학도는 논술학원 경영자가
되었습니다. 애정과 열정의 대상이던 문학을 생활 전선에
활용했으니 더 이상 소녀는 없습니다. 이분, 그야말로
어쩌다 어른입니다.

어른의 사랑은 다릅니다. 음악과 영화 이야기만으로
충분하지 않아요. 두루두루 챙겨야 합니다. 무엇보다도
'이것'을 빼놓을 수 없지요.

"너, 얼마 있어?"

속물적이라고요? 소꿉장난할 나이는 지났잖아요.
어른의 세계는 단순하지 않습니다. 소년과 나눈 풋풋한
사랑은 이미 실현했습니다. 이제는 40대의 로맨스를
해야 합니다. 사랑에 대한 패러다임의 일대 전환이
필요한 시점입니다.

•••

이분은 과거의 희망과 지금의 희망을 혼동하고
있어요. 청년기는 지났습니다. 그 시절 감성으로 사랑을
논하면 곤란합니다. 중년의 통찰을 얻을 때가 된
것입니다.

서른다섯 즈음에 '좋아하는 일과 잘하는 일은
다르다'는 것을 자각했다죠. 훌륭합니다. 성숙한 성찰을
하셨네요. 가끔 셜록 황을 찾아오는 중고등학생뿐
아니라 대학생도 이런 질문을 합니다.

"왜 그걸 하면 안 되나요?"

"왜 좋아하는 것과 실제로 할 수 있는 것이 달라야
하나요?"

"왜 연예인이 되면 안 되나요? 연예인이 되고
싶어요."

사람들은 말합니다. 좋아하는 것을 찾는 것이
먼저라고……. 하고 싶은 일을 하면서 살아야
한다고……. 현실은 어떤가요?

'간절히 바라면 우주의 기운이 너를 도와준다.'

'하면 된다.'

'꿈을 이루기 위해 최선을 다해라.'

이런 자기계발서식 신화를 굳게 믿고 있는 이들에게 영업 기밀을 알려주면 잔인할까요?

"애야, 네가 하고 싶은 일과 할 수 있는 일은 다르단다. 일단 네가 하고 싶은 일에 초점을 맞추거나 네가 할 수 있는 것부터 시작해라."

한마디로 네 마음대로 하라는 거지요.

· · ·

내담자는 주어진 일에 몰입할 줄 알고 자상하며 유머감각도 있는 참 괜찮은 분입니다. 이분 WPI 프로파일을 보니 셜록 황이 가장 부러워하는 로맨티시스트와 아이디얼리스트 성향을 둘 다 갖춘 M자형이에요. 그런데 이분, 자기평가는 M자형인데 타인평가는 비교적 단조롭습니다. 이분의 남다른 감성이 삶에 스며들지 못하고 상당히 밋밋한 하루하루를 보낸다는 의미입니다. 근사하게 세공된 다이아몬드도 장롱에 처박혀 있으면 아무도 가치를 알아주지 않아요.

이분은 속세가 무서워 칩거 중입니다. 은둔자가 예술적 감수성으로 소통하는 연애를 원한다면 어떻게 해야 할까요?

영화 〈데몰리션 맨〉에서 HMD(Head-Mounted Display) 장치를 착용한 남녀 주인공이 텔레파시로 연애하는 장면이 나오던데요. 이 제품이 개발될 때까지 마냥 기다릴 수는 없잖아요.

아쉬운 대로 방법이 있습니다.

음악, 미술, 문학 중 하나 골라서 해당 동호회에 가세요. 그런 모임에 참가하면 낯선 사람들이 사생활을 비롯해 시답잖은 걸 이것저것 캐물어요. 당연히 기분 나쁠 거예요. 일단 꾹 참는 게 우선입니다. 그리고 눈 딱 감고 열 번만 출석하세요. 일곱 번도 좋아요. 아, 네. 다섯 번도 괜찮아요.

생각해보면 동호회 주 활동 멤버는 대개 20대 후반에서 30대 중반일 가능성이 높아요. 이분이 그 그룹에서 주목을 받으려면 왕 언니 역할을 해야 합니다. 다행히 이분은 능력 있는 신세대 골드미스죠. 남녀를 불문하고 동생들이 따를 타입이에요.

그런데 안타깝게도 WPI 프로파일 상 이런 유형은 왕 언니되기가 어렵습니다. 이분은 왕 언니가 되기에는 아직 소녀거든요.

소녀 같은 사람이 왕 언니가 되려면 어떻게 해야 할까요? '나이 마흔이 넘으면 입은 다물고 지갑만 열어라'는 명언이 있더군요. 간단합니다. 돈을 쓰세요. 젊은 사람들에게 맛있는 것도 사주고 이것저것

8 — 어쩌다 어른

135

챙겨주세요. 놀라운 결과가 기다립니다. 젊은 총각들이 좋아합니다! 남자도 사람이에요. 잘 해주는 사람에 호감을 갖거든요. 또래 여성에 비해 자상하고 농담도 통하고 무엇보다도 돈도 많잖아요. 단도직입적으로 이분, 요즘 젊은 청년들의 이상형입니다. 동호회 가면 젊은 총각이 줄줄 따를 겁니다.

· · ·

족집게 과외처럼 정답을 알려줘도 이분은 동호회에 가지 않을 확률이 높아요. 그래서 셜록 황은 이분에게 무엇 때문에 괴로운지 물었습니다. 이분은 낭만적인 사랑이 어렵다고 했습니다. 이것이 이분의 진심일까요? 이분 WPI 프로파일 보면 로맨티시스트가 높고 리얼리스트와 아이디얼리스트 특징이 비슷한 수준인데요. 이 그래프를 해석하면 이분의 본의는 이러합니다.

'나는 이걸 간절히 바래요. 하지만 현실에서 구현되는 것은 싫어요.'

원한다는 건가요, 싫다는 건가요? 이분은 이렇게 마음이 왔다 갔다 하고 있습니다. 그러니까 이러지도 저러지도 못하고 당장 필요한 것만 하는 거지요. 사업상 만남 외에는 외출도 안 합니다. 일터에서는 치열하게 일하고 집에서는 완전히 퍼져 있습니다. 직장에서는 커리어우먼이지만 퇴근하면 데이트는 고사하고 무릎

튀어나온 트레이닝복 차림으로 부스스하게 지내는
거죠. 그 상태로 소파에 드러누워 꿈결 같은 사랑을
상상합니다.

완벽했던 옛사랑의 추억은 착각일 수 있습니다.
이분은 하루에도 몇 번씩 갈팡질팡합니다. 격정적이고
치명적인 로맨스를 꿈꿨다가 소소한 일상을 함께하는
알콩달콩한 사랑도 원합니다. 선택을 못하니까
실제로는 아무 사건도 벌어지지 않습니다. 그러면서
무료하다고 호소합니다.

엘리자베스 길버트(Elizabeth Gilbert)의 에세이 《먹고,
기도하고, 사랑하라》에는 이런 우화가 등장합니다.

어떤 남자가 신에게 간절히 기도했습니다.

"제발 로또에 당첨되게 해주세요."

하루도 빼놓지 않고 기도해도 로또에서 미끄러지자
남자는 신을 원망했습니다.

"신이시여, 어찌하여 제 소원을 무시하시는 겁니까."

그러자 신이 짜증을 내며 이렇게 대답했다고 합니다.

"이 녀석아, 우선 로또부터 사고 와서 따져라."

이분의 셀프 무력감은 연애를 하면 대부분
해소됩니다. 커플이 되면 체질적으로 맞지도 않는
'혼밥족' 코스프레는 더 이상 하지 않아도 되기
때문입니다. 본인이 여러 사람과 잘 어울리는

서글서글한 사람이라는 주장도 의심이 듭니다. 정황이 그렇다는 겁니다.

이분은 '이렇게 행동하면 사람들에게 환심을 살 수 있어'라는 롤 모델을 정한 후, 본인이 뭘 하는지도 모르고 흉내 내고 있습니다. 어떻게 아냐고요? WPI 결과가 말해주고 있어요.

내담자에게 욕먹을 각오를 하고 불편한 진실을 알려드리겠습니다. 이분은 본인의 개성이 강하다고 어필하지만 다른 사람이 이분을 보면 '지극히 평범하다'고 생각할 소지가 높습니다. 심지어 자녀가 둘쯤 있는 40대 기혼여성으로 보일 수도 있습니다.

'저 아줌마는 왜 혼자서 밥을 먹을까?'

'왜 혼자서 영화를 보고 있을까? 아, 남편하고 싸웠구나.'

지나가는 사람들은 이분을 이렇게 생각할지도 모릅니다.

M자형의 이 매력적인 40대 여성은 에이전트가 바닥입니다. 그리고 컬처가 높습니다. 이런 형태의 프로파일은 본인 짐작과는 달리, 타인이 이분을 썩 유능하게 보고 있지 않다는 것을 말해줍니다. 또한 혼자서 잘 지낸다고 생각하고 있지만 다른 사람이 이분을 한량으로 여긴다는 것을 알 수 있습니다.

· · ·

이제 어떡하면 좋을까요? 제가 드릴 말은 이겁니다.

"일단 밖으로 나가라."

단, 밖으로 나가기 전에 준비를 좀 해야 합니다.
우선 미용실에 들르세요. 또 멋진 원피스 차림에
화장도 곱게 하고 무조건 나가세요. 볼일이 없어도
좋습니다. 목적지는 요즘 젊은 사람들이 선호하는 핫
플레이스입니다. 가로수길도 있고 경리단길, 망리단길
다 괜찮아요. 세련된 도시 감성을 마음껏 누리세요.
멋지게 하고 나가서 혼자 놀기의 진수를 보여주시기
바랍니다.

가보면 놀랍게도 자신과 비슷한 사람들과 마주치게
될 거예요. 왜냐고요? 그런 사람이 아주 많거든요.
커피숍에 앉아서 지나가는 사람을 무심히 바라보면
정처 없이 서성대는 사람이 눈에 띌 겁니다.

'나 같은 사람이 또 있구나.'

이걸 확인만 해도 위안이 돼요. 그리고 나와
유사한 인간 군상이 어떻게 행동하는지 살펴보세요.
그 사람들의 특성을 관찰해보는 것입니다.

'저 사람과 나의 어떤 점이 닮았지? 스타일이 괜찮은
사람은 누구지? 어떻게 꾸몄지?'

이것은 타인이란 거울에 비친 나를 바라보는
과정입니다. 그러다 자못 초라하고 지질한 자신을

로맨티시스트의 아름다운 자기 찾기 — 좀 애매해도 괜찮아

140

발견하면 어디를 어떻게 바꿔야 할지 느낌이 올 겁니다.

'내가 제일 잘나가는 줄 알았는데 그게 아니었네. 우물 안 개구리였구나. 에지 있는 사람들은 저렇게 사는 구나. 나도 환골탈태 해야겠다!'

각성하면 갱생됩니다. 패션 잡지도 구독하고 케이블 뷰티 채널도 시청해보세요. 공짜로 되는 건 없습니다. 변화는 서서히 일어납니다.

이분은 스타일만 바꿔도 벌이 저절로 찾아올 겁니다. 그동안은 무엇을 해야 하는지를 모르는 꽃으로 지냈습니다. 꽃의 역할을 다하지 않은 거예요. 한마디로 살아있는 생화가 조화처럼 지낸 것입니다. 꿀은커녕 가시까지 박혀있는 조화에게 다가갈 벌은 없으니까요.

화사한 조화는 가짜 꽃입니다.

소박한 진짜 꽃의 고운 빛에 마음이 가기 마련입니다.

자부심을 가지세요.

당신은 살아있는 꽃이니까요.

로맨티시스트

타인과의 교감을 통해 존재감 획득

— 예민하고 불안정하고 걱정이 많음.

— 예술적인 감성, 멜랑콜리.

— 사춘기 소녀가 미지의 세계를 바라보는 듯한
두려움과 기대.

완벽주의

— 강한 자기 확신.

— 외적인 아름다움, 경제적 부유함을 추구.

— 일에 있어서 완결을 추구하고 결과 지향적.

로맨티시스트에겐 자기감정이 가장 중요합니다. 그래서
타인에게 감정을 발산하고 그 감정을 공유하면서
존재감을 획득하려 합니다. 세심하고 겸손하지만 의외로
비사교적입니다. 또 가슴 속에 다양한 감정이 끓어오르지만
그 감정을 바깥으로 표현하는 데는 서툽니다. 주위
사람들에게 정서적으로 수용된다는 느낌을 좋아하고
자기감정을 고려해주지 않는 사람에게 쉽게 상처를

받습니다.

민감하고 불안정한 정서를 지닌 로맨티시스트는 마치 10대 사춘기 소녀처럼 세상에 대한 두려움과 기대, 걱정에 휩싸여 있습니다. 이런 성향은 세상에 대한 경험 부족이나 미숙함으로 보이기도 하지만 한편으로는 순수한 느낌으로 작용해 인간적인 매력을 느끼게도 합니다.

감성적이고 소심한 로맨티시스트는 많은 사람과 함께 할 때면 정서적으로 긴장합니다. 경험이 부족하고 숙련되지 않았다는 걸 지나치게 의식하기도 합니다.

예술적인 감각이 뛰어난 로맨티시스트는 아름다움이나 명성, 경제적 부를 성취하기 위해 아낌없이 노력합니다. 또한 남들이 갖지 못한 꿈을 꿀 줄 알고 자기만의 세계에 대한 강한 고집도 있습니다.

로맨티시스트는 바람에 흔들리는 코스모스처럼 감성적이지만 일을 시작하면 완벽을 추구합니다. 자기 성에 차지 않으면 옆에서 아무리 칭찬을 늘어놓아도 용납하지 않습니다. 때로 추진력이 있고 고집이 센 느낌을 줍니다. 결과 중심적이고 자기 확신이 강해서 다른 사람의 말을 잘 듣지 않습니다. 로맨티시스트 부하 직원은 성실하고 유능하다는 평가를 받지만 규범이나 틀이 정해진 일이 아니라 창의적이거나 모호한 일을 할 때는 몹시 힘들어합니다.

로맨티시스트의 아름다운 자기 찾기

좀 예민해도 괜찮아

첫판   1쇄 펴낸날 2017년 11월 3일
       6쇄 펴낸날 2022년 5월 25일

지은이 황상민
발행인 김혜경
편집인 김수진
편집기획 김교석 조한나 김단희 유승연 임지원 곽세라 전하연
디자인 한승연 성윤정
경영지원국 안정숙
마케팅 문창운 백윤진 박희원
회계 임옥희 양여진 김주연

펴낸곳 (주)도서출판 푸른숲
출판등록 2003년 12월 17일 제2003-000032호
주소 경기도 파주시 심학산로 10(서패동) 3층. 우편번호 10881
전화 031)955-9005(마케팅부), 031)955-9010(편집부)
팩스 031)955-9015(마케팅부), 031)955-9017(편집부)
홈페이지 www.prunsoop.co.kr
페이스북 www.facebook.com/simsimpress   **인스타그램** @simsimbooks

ⓒ황상민, 2017
ISBN 979-11-5675-715-3(04180)
ISBN 979-11-5675-713-9(세트)

심심은 (주)푸른숲의 인문·심리 브랜드입니다.